少子社会の子育て力

豊かな子育てネットワーク社会をめざして

髙野 良子

【編著】

学 文 社

まえがき

　1877（明治10）年に来日し，東京大学の初代動物学教授をつとめたエドワード・S・モースは，著書『日本その日その日』（石川欣一訳，平凡社，1970年）のなかで，19世紀後半の日本社会の姿を次のように描いている。

　　婦人が五人いれば四人まで，子供が六人いれば五人までが，必ず赤坊（ママ）を背負っていることは誠に著しく目につく。…〈略〉…赤坊が泣き叫ぶのを聞くことは，めったになく，又私はいま迄の所，お母さんが赤坊に対して癇癪を起しているのを一度も見ていない。<u>私は世界中に日本ほど赤坊のために尽す国はなく，また日本の赤坊ほどよい赤坊は世界中にないと確信する。</u>いろいろな事柄の中で外国人筆者達が一人残らず一致する事がある。それは<u>日本が子供達の天国だということ</u>である。この国の子供達は親切に取扱われるばかりでなく，他のいずれの国の子供達より多くの自由を持ち，その自由を濫用することはより少なく，気持ちのよい経験の，より多くの変化を持っている。<u>赤坊時代にはしょっ中，お母さんなり他の人人なりの背中に乗っている。</u>（下線は引用者による。）

　2011年3月11日の東日本大震災を契機に，人と人との絆やつながり，あるいは信頼・規範・人的ネットワークの意味でとらえられるソーシャル・キャピタル（社会関係資本）の重要性が再認識されている。少子高齢化社会の子育て力は，多様なソーシャル・キャピタル，すなわち多様な人的ネットワークが緩やかにつながることよって構築されるのではないか。
　モースが見た日本社会は，ある意味で，家庭内はもちろんのこと，地縁的な人間関係や人的・社会的ネットワークが生き生きと息づいていたのかもしれない。
　周知のように，少子化とは，出生率が低下して，子どもの数が減少すること

であるが，1992 年の『国民生活白書』で使われた語である。そして，同白書では，子どもや若者が少ない社会を少子社会と表現した。2011 年度の我が国の年間出生数は 1,050,806 人で，戦後最低の出生数となった。これは，モースが日本を見た 1886（明治 19）年の出生数 1,050,617 人とほぼ同じである。

　少子化の主な要因のひとつは，仕事と子育ての両立や子育ての負担感の増大を背景とする未婚率の上昇とされる。その少子化の進行の問題は，子どもの成長や発達，環境の変化，労働力減少や高齢者比率の上昇等を通じて社会・経済に深刻な影響を及ぼすことがあげられる。この問題を考えるに当たっては，仕事と子育ての両立や子育ての負担感を緩和し，安心して子育てができるような環境を整え，家庭を持つことや子どもを育てることに純粋に夢や希望や喜びを持つことができる社会を築くという観点が肝要となる。

　本書は，現代日本に求められている「子育て力」を 2 部構成で探っている。

　第 1 部では，現在の子育て支援においては，住民のニーズに応じたきめ細かな対応が求められることから，地方自治体の役割は極めて重要なものとなっている。国の指針や自治体や生活の場としての地域社会の先駆的な子育て支援や事業をデータに基づき分析をしている。第 2 部では，これまであまり目を向けられてこなかった企業・大学が，子育て世代のワーク・ライフ・バランス（仕事と生活のバランス）をどのように支えているかについて実証的に論じ，子育て支援の意義と課題を探っている。加えて，高齢者の地域づくりや子育て活動の可能性を論じるとともに，昨今話題の保活（子どもを保育所に入れるための活動）事情やイクメン・イクジイの実際の姿を取りあげた。

　社会全体が，生命を尊び，子を愛しみ，子を育み，行動をともなったやさしい眼差しを向けることが，すべての世代に課せられている責務ではないか。

　出版に際し，快く調査や資料提供に応じてくれ，さまざまにご助言を賜った関係機関に深く感謝の意を表したい。また，学文社の落合絵理氏に心より感謝を申しあげたい。

2013 年 3 月

執筆者を代表して　髙野　良子

目　次

まえがき　i

序　章　社会全体で子育てを支えること ………………………… 1
1　はじめに　1
2　社会問題としての少子化　2
3　保育施設をめぐる状況　4
4　本書の構成　8

第1部　国・自治体・地域社会が取り組む子育て支援

第1章　国の少子化対策の経過
　　　　―仕事と子育ての両立支援に注目して― ……………… 12
1　はじめに　12
2　エンゼルプランから新エンゼルプラン　13
3　少子化社会対策基本法から次世代育成支援対策推進法まで　15
4　子ども・子育てビジョン　19
5　育児・介護休業法の改正　21
6　おわりに　22

第2章　ファミリー・サポート・センター事業
　　　　―地域の絆に支えられる子育て支援の取り組み― …………… 24
1　はじめに　24
2　ファミリー・サポート・センター事業の概要　24
3　ファミリー・サポート・センター事業の事例―K区の取り組み　31
4　まとめ　37

第3章　地域子育て支援拠点事業・人とつながる力を育む支援
　　　　―ある子育て支援センターでの実践から― …………… 43
1　はじめに　43
2　地域子育て支援拠点事業の概要　44

  3 子育て支援センター「Aルーム」での支援の実際 49
  4 人とつながる力を育む支援 53
  5 おわりに 55

第4章　マイ保育園・マイ幼稚園が担う子育て支援
   ―切れ目のない支援のために―　　　　　　　　57

  1 はじめに 57
  2 「マイ保育園事業」事業化の背景 58
  3 「マイ保育園事業」が担う子育て支援 63
  4 「マイ保育園事業」の展望と課題 68
  5 おわりに 70

第5章　福井・富山両県における子ども・子育て支援計画について
   ―とくに仕事と子育ての両立支援を中心に―　　　　　　　72

  1 はじめに―なぜ福井・富山両県に注目したのか 72
  2 福井・富山両県における仕事と子育て支援策について 73
  3 福井・富山県における，特色のある仕事と子育ての両立支援企業について 77
  4 まとめと課題 84

  essay オトコ30歳・育児休暇とりました―新米パパの育休奮闘記 88

第2部　企業・大学が取り組む子育て支援

第6章　企業が取り組む仕事と子育ての両立支援
   ―事業所内保育施設の設置に着目して―　　　　　　　　96

  1 はじめに 96
  2 企業が取り組む子育て支援 98
  3 事業所内保育施設の3類型 100
  4 まとめと展望 113

  essay 「保活」事情 119

第7章　大学が取り組む子育て支援
　　　　　―大学内保育施設調査― ……………………………………… 123
　1　はじめに　123
　2　研究の枠組みと研究の方法　124
　3　子どもをめぐる状況と大学内保育施設設置の背景　125
　4　大学内保育施設の設置状況　127
　5　まとめと今後の展望　133

付論　高齢者の子育て支援
　　　　―祖父力・イクジイのいま― ………………………………… 138
　1　はじめに　138
　2　「地域」にいる赤ちゃんと高齢者―高齢者と子育て支援　139
　3　メディア発信とNPO等の活躍　143
　4　おわりに　151

　essay　孫育て　育てているうち　ジイ育つ
　　　　―イクジイ　ヘビーローテーション　154

索　引　160

序章

社会全体で子育てを支えること

髙野良子

1 はじめに

「膝が痛いから太るのか。」「太るから膝が痛いのか。」と悩むロダンの"考える人"が出てくる TV のコマーシャルがある。厳密にいうと哲学でいう二律背反ではないのだが，子育ての局面では，それと似たところがあるといえないわけではない。TV コマーシャル風に"考える人"が言うとすれば，「親が子どもを育てるのか。」「社会が子どもを育てるのか。」となるであろう。

答えは明快である。どちらも正しいのである。少子社会の現代においては，社会なくして親も子もなく，親も子もいない社会もあり得ない。子育てには，社会的側面と親（家庭・家族）の側面の両面が不可欠である。

本書においては，そのタイトルが示すように，少子社会における子育ての社会的側面に焦点を当て，社会全体で子育てを支える意義を論じていく。

そこで，本章では，我が国の子どもをめぐる現況と「1.57 ショック」以降の子育て支援施策を概観するとともに，本書の構成を示すこととする。

2 社会問題としての少子化

　我が国では，戦後から今日まで約65年の間，年間どのくらいの数の子ども が生まれてきたのだろうか。出生数と合計特殊出生率はどのように推移して きたのか，同時にそれらの変化に対応し，政府がどのような子育て支援策をと ってきたのだろうか。
　我が国の年間の出生数は，第1次ベビーブーム期（1947～1949年）には約 270万人，1970年代前半の第2次ベビーブーム期（1971～1974年）には約200 万人であったが，それ以降，減少の一途を辿っている（図表0.1）。1991年以降 は増加と減少を繰り返しながらも，緩やかな減少傾向となっている。2011年 の出生数は105万人（2012年は103万人）余りで，この数はピーク時（第1次 ベビーブーム期）の4割にも満たず，戦後最低を更新し，1990年代初頭には少

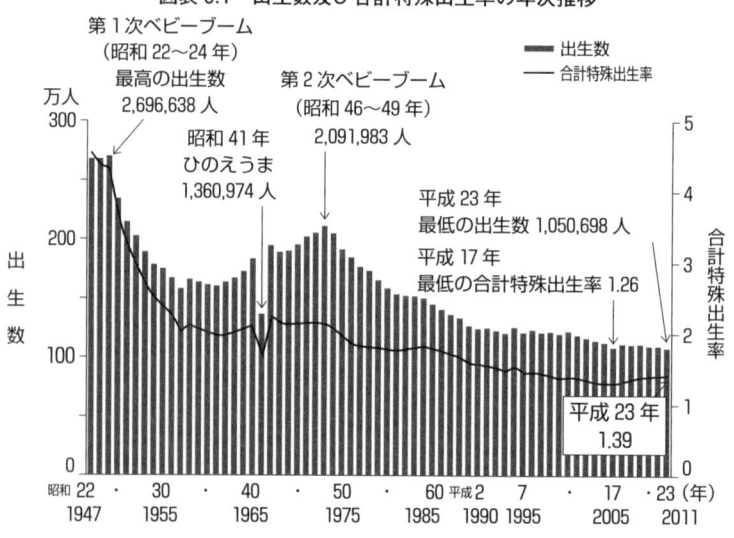

図表0.1　出生数及び合計特殊出生率の年次推移

（出所）厚生労働省「平成23年人口動態統計月報年計（概数）の概況：結果の概要」

子社会が到来したといえる。

　出生数に加えて，少子社会を示す指標として合計特殊出生率（一人の女性が一生の間に産む子どもの平均数）もよく用いられる。第1次ベビーブーム期には4.3を超えていたが，1950年以降急激に低下する。その後ほぼ2.1台で推移していたが，1975年に2.0を下回って以後再び低下傾向となった。とりわけ1989年には，合計特殊出生率が最も低かった丙午（1966年）の数値1.58を下回る1.57を記録し，少子化が社会問題として広く認識されるようになった。いわゆる「1.57ショック」が日本列島を駆け抜けた。「1.57ショック」を契機に，政府は出生率の低下により子どもの数が減少傾向にあることを問題として認識し，仕事と子育ての両立支援等子どもを生み育てやすい環境づくりに向けての取組みを進めてきた（図表0.2）。経済企画庁の1992（平成4）年版『国民生活白書』は，副題を「少子社会の到来，その影響と対応」とし，「将来の我が国の生活のあり方に重大なかかわりを持つものであり，少子化の将来の影響について，今後多角的な検討が深められる必要がある」と記している。国の取り組みの詳しくは，続く1章で概観する。

図表0.2　「1.57ショック」以降の子ども・子育て支援対策の経緯（1994年～2012年）

年度	国・自治体の子育て支援の取り組み
1990（平成2）年	「1.57ショック」を契機に，政府は，仕事と子育ての両立支援対策の検討を始める。
1994（平成6）年12月	「今後の子育て支援のための政策の基本的方向について」（エンゼルプラン）策定。「エンゼルプラン」を実施するため，保育所の量的拡大や低年齢児（0～2歳児）保育や延長保育等の多様な保育サービスの充実，地域子育て支援センターの整備等を図るための「緊急保育対策等5か年事業」が策定され，1999（平成11）年度を目標年次として，整備が進められることとなった。
1999（平成11）年12月	「重点的に推進すべき少子化対策の具体的実施計画について」（新エンゼルプラン）策定。
2001（平成13）年9月	「少子化対策プラスワン」にて，もう一段の少子化対策を推進する。
2002（平成14）年7月	「待機児童ゼロ作戦」制定。
2003（平成15）年7月	「次世代育成支援対策推進法」「少子化社会対策基本法」制定。

2004（平成16）年6月		「少子化社会対策大綱」閣議決定。
	12月	「子ども・子育て応援プラン」策定。
2007（平成19）年12月		「子どもと家族を応援する日本」重点戦略が取りまとめられる。
2008（平成20）年2月		「新待機児童ゼロ作戦」制定。
2010（平成22）年1月		「子ども・子育てビジョン」閣議決定。 すべての子どもの良質な成育環境を保障し，子ども・子育て家庭を社会全体で支援することを目的として，子ども・子育て支援関連の制度，財源を一元化して新しい仕組みを構築し，質の高い学校教育・保育の一体的な提供，保育の量的拡充，家庭における養育支援の充実を図る。
2011（平成23）年11月		112の地方自治体について「待機児童ゼロ計画」採択。
2012（平成24）年8月		子ども・子育て関連3法案成立。

（資料）内閣府『子ども・子育て白書』平成23・24年度版等に基づき作成

3 保育施設をめぐる状況

3.1 待機児童問題──子育て世代が求めているもの

　子どもを産み育てている「子育て世代」は，国・地方自治体が進める少子化社会対策に何を求めているのだろうか。内閣府が，2009年に，子どものいる女性を対象に，少子化社会対策における希望等について探った意識調査[1]がある。それによると，少子化対策に役立てていくために充実してほしい保育所のサービスは，「待機しなくても入所できるよう，保育所の数や定員を増やす」が64.9％で最も多くなっている。ちなみに2004年調査（62.8％）より2.1％増え，次点の「病児・病後児保育の充実」（54.7％）や「延長保育」（49.5％）を大きく引き離している。このことは，待機児童問題を発端とする子育て改革が重要な節目を迎えていることを示しているといえよう。

　現状はどうであろうか。2012（平成24）年9月末に厚生労働省は，2012年4月1日時点での保育所の定員や待機児童の状況を公表した。主な点は次の4つである。①保育所定員は224万人で，2007年以降5年連続で増えている。②保育所を利用する児童の数も5年連続で増えている。とくに2012年4月には，

序章　社会全体で子育てを支えること

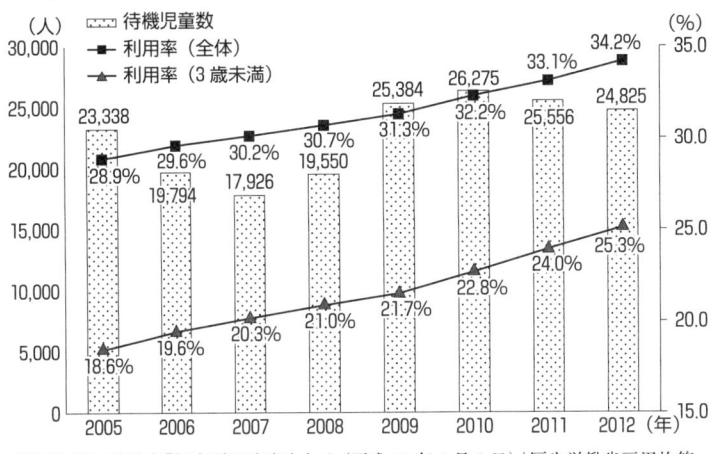

図表0.3　保育所待機児童数及び保育所利用率の推移（2005〜2012年）

(資料) 厚生労働省「保育所関連取まとめ (平成24年4月1日)」厚生労働省雇用均等・児童家庭局保育課調べ. 2012年9月28日公表資料による.

前年比5.4万人の増加となり、1994年の保育所待機児童数調査以降、過去最高の増加数を記録した。とりわけ、3歳未満が25,314人の増、3歳以上も28,537人の増となっている。③待機児童数は全体では24,825人で2年連続して減少し（図表0.3）、しかも保育所定員は増えているにもかかわらず、都市部を中心に待機児童のいる市区町村は、前年より20増加して357存在している。うち、待機児童が50人以上いて、児童福祉法で保育事業の供給体制の確保に関する計画を策定するよう義務付けられる特定市町村は107あり、依然として高い値となっている。

　ちなみに、保育所待機児童数の旧定義は、保育所に入園申請をしたが満員で待機している児童（申込み人数―認可保育所に入所人数）をいうが、新定義[2]は、そのうち、自治体が助成している認可保育施設や保育ママに在籍している児童等を除外した数となっている。旧定義による数値は2007年以降公表されていないことから、潜在的なニーズは2012年4月1日時点の待機児童数24,825人を大きく上回るものと推測される。

就学前児童の保育所利用児童の割合は、毎年1ポイント以上の増加傾向が続いている。待機しなくても入所できる認可保育所を増やす必要性はいうまでもないが、手をこまねいている時間はない。すでに指摘されているように、少子化等により人口減少が進むと、国内市場がますます縮小するばかりが、労働力人口の減少による労働力不足が起こることは避けられず、企業活動の基盤が大きく揺らぐことになる。

ゆえに、2003年7月に成立した「次世代育成支援対策推進法」により、企業は仕事と家庭の両立が可能となるような雇用環境の整備を行うことが求められるようになり、企業による次世代育成支援策がさまざまに進められている。その支援策のひとつとして、たとえば、事業所内保育施設は、従業員の産後休暇や育児休業後の職場復帰を支える機能がある。このことは、事業所内保育施設が、認可保育所の代替施設としての役割を担っていることからも注目されつつある[3] (事業所内保育施設については第6章で詳しく検討する)。

3.2 就学前教育・保育のはじまり

ところで、就学前教育・保育はどのようにはじまったのだろうか。

世界で初めて作られた保育所は、1779年、フランスにおいてオーベルラン (Oberlin, F. : 1740-1826) によって設けられた幼児保護所であった。同様に、世界初の幼稚園 (Kindergarten) は、1840年、ドイツにおいてフリードリッヒ・フレーベル (Fröbel, F. W. A. : 1782-1852) の創設によるものであったことは、広く知られている[4]。

我が国の幼稚園と保育所はどのようにはじまったのだろうか。1872 (明治5) 年に学制が公布されているが、その4年後の1876年に、我が国最古の現存する幼稚園、東京女子師範学校 (現在のお茶の水女子大学) 附属幼稚園が開設されている。同年、同師範学校の訓導兼副舎監となっていた豊田芙雄子 (1845-1941) が、附属幼稚園の保母に任命され、我が国の保母第一号として知られることとなる[5]。

一方、保育所のはじまりは、1890 (明治23) 年に、赤沢鐘美・ナカ夫妻によ

って新潟県内に設けられた私塾「私立静修学校」に併設された託児施設であったとされている。この施設は，赤沢保育園と呼ばれ，今なお，新潟市東湊町通にて四代目園長の赤沢喜美氏によって保育の灯が引き継がれ，地域には同園の卒園生が少なくないという[6]。その10年後，1900年，野口幽香・斎藤（森島）峰らが四谷のスラム街に「二葉幼稚園」を開設した。なお，1916（大正5）年には，この「二葉幼稚園」は，「二葉保育園」に改名している。このころから，幼稚園と保育所が，それぞれ文部省（現在の文部科学省）と内務省（現在の厚生労働省）という管轄官庁が異なる二種の保育機関として発展していくことになる[7]。

3.3 保育所の定義

本書で主に扱うのは幼稚園ではなく保育所の方である。保育施設関連用語は厚生労働省等の定める区分に基づき，次のようにとらえている。

- ★認可保育所：児童福祉法に基づく児童福祉施設で，国が定めた設置基準を満たし，都道府県知事（指定都市・中核市市長を含む）に認可された施設をいう。区市町村が運営する公立保育所と社会福祉法人等が運営する民間保育所（私立）があるが，認可保育所は公費により運営されている。厚生労働省によると，2012年4月1日現在，保育所数は23,711か所，保育所利用児童数は，2,176,802人と報告されている。（1施設入所児童数91.8人）

- ★認可外保育施設：都道府県等による認可を受けずに，保育所と同様の保育事業を行う施設の総称。厚生労働省調査では，ベビーホテルとそれ以外の施設に区分している。たとえば東京都が定める認証基準を満たして設置される認証保育所も認可外に分類されるが，この場合は，都の独自の基準に基づき運営に要する経費の一部が都より補助される。このような認証保育所以外の認可外保育施設は，公費の補助はない。2012年3月30日発表の厚生労働省「認可外保育施設現況」によると，2011年3月現在，保育施設数は7,579か所，入所児童数は186,107人と報告されている。（1施設入所児童数24.6人）

☆事業所内保育施設：病院・企業・官公庁・大学等が従業員等の子どもを対象として，事業所内または隣接地に設置する保育施設をいう。都道府県等による認可を受けずに保育を行う認可外保育施設の一つである。前出「認可外保育施設現況」によると，認可外保育施設の数には含まれず，〈参考Ⅰ〉「事業所内保育施設の状況」として示され，2011年3月現在4,137か所，入所児童数は61,029人と把握されている。(1施設乳幼児数・入所児童数平均：14.8人)

なお，文部科学省が所管する学校教育法第1条に定める「幼稚園」については，第4章に，幼稚園と保育所との比較等を示している。また，「認定こども園」は，幼稚園と保育所の機能をもち，保護者が働いている・いないにかかわらず子どもを受け入れ，教育・保育を一体的に行う施設である。文部科学省・厚生労働省の幼保連携推進室によると，2012年4月現在，全国で911園認定され，その件数は増加傾向にあり，保護者の教育・保育の場の選択肢として確実に広がりを見せている。

なお，保育所（園）について，本書では基本的には児童福祉法に基づく「保育所」を使用しているが，自治体での呼称や施設名などで用いられている場合には「保育園」と表記する。

4 本書の構成

2006年12月，約60年ぶりに改正された「教育基本法」の第10条に「家庭教育」の条項が新設され，保護者が子どもの教育について第一義的責任を有すること，および，国や地方公共団体が家庭教育支援に努めるべきことが規定された。第11条の「幼児期の教育」とともに，第10条が新設されたことの意味は大きい。

本章の冒頭にも記しているように，子育てには，社会的側面と親の側面の両面が不可欠であることはいうまでもないが，本書では，少子社会の子育て力の

現状を考察し，社会全体で子育てを支える意義を考えていく。

　第1部「国・自治体・地域社会が取り組む子育て支援」では，子育て優良県として知られる福井県と富山県における取り組みや，地域子育て支援拠点事業やファミリー・サポート・センター事業が果たす子育て支援の有効性と課題を探っている。第2部「企業・大学が取り組む子育て支援」では，事業所内保育施設の設置に着目し，企業や大学が仕事と子育ての両立をどのように支えているかを，調査等に基づいて論じている。さらに，高齢者が，子育て・孫育ての戦力として活動することの異議を論じた。併せて，子育て世代の保活事情とイクメン・イクジイの奮闘状況を収めている。

注
1) 内閣府政策統括官（共生社会政策担当）「平成20年度少子化社会対策に関する子育て女性の意識調査」2009年（N=2,713人，有効回答率67.8％）
2) 2001年度に保育所入所待機児童の定義の変更があった。新定義は，①他の入所可能な保育所があるにもかかわらず，特定の保育所を希望している場合，②認可保育所への入所を希望していても，自治体の単独施策（いわゆる保育室などの認可外施設や保育ママ等）によって対応している場合は，待機児童数から除くとしている。
3) 的場康子「これからの事業所内保育施設」『Life Design Report』2010年，p.28
4) 林信二郎・岡崎友典『幼児の教育と保育』放送大学教育振興会，2007年，p.67, p.120／新・保育士養成講座編纂委員会編『教育原理』全国社会福祉協議会，2011年，p.60
5) 茨城新聞社編『茨城県大百科事典』茨城新聞社，1981年，pp.782-783
6) 新潟女性史クラブ『雪華の刻を刻む』ユック舎，1989年，pp.12-13
7) 小田豊監修『教育原理』光生館，2012年，pp.36-37

第1部

国・自治体・地域社会が
取り組む子育て支援

第1章

国の少子化対策の経過
─仕事と子育ての両立支援に注目して─

宮下裕一

1 はじめに

　日本で生まれ育つ子どもの数が減り続け，少子化が社会的に取り上げられるようになって久しい。少子化というのは，一般に出生率（人口1000人あたりの出生数）の低下や子どもの数の低下傾向を表している。また子どもや若者の数が少ない状況にある社会を少子社会と呼んでいる。

　少子化傾向が続くことにより労働力人口が減少し，生産された商品を消費する人口が減るために，経済への影響が懸念されている。また，少子化の進行は人口の高齢化を進め，社会保障関係費用の現役世代の負担増加など，制度の持続可能性についても問われている。

　このような状況のなかで，すでに人口が減少し始めている都道府県や市町村も増加している。子どもが減り，高齢者が増加することで，地域の活力も急速に低下していく。子どもを安心して産み育てることができ，また子ども自身の健やかな成長が保障される社会を構築していくことは，地域社会を存続していくためにも，とても重要な政策課題となっている。

女性が子どもを産み育て，そしてそれまでの仕事を継続しようとすると，現状では多くの困難が存在している。

この点に関して，国はいかなる施策を講じ，対応してきたのか。過去20年を振り返った時，合計特殊出生率は1.3前後を推移しているが，1.2台だったこともあった。最近は1.3台を維持している状況であり，劇的に合計特殊出生率が上がったとはいえない現状である。国の採る政策は，続く自治体や地域の子育て支援，また企業の取り組みにも少なからず影響を与えるものである。そこで，まずは一連の国の少子化対策としての取り組みを概観してみよう。

2 エンゼルプランから新エンゼルプラン

「1.57ショック」を契機に，政府は，仕事と子育ての両立支援対策の検討を始める。1994（平成6）年12月，「今後の子育て支援のための施策の基本的方向について」（エンゼルプラン）が，文部，厚生，労働，建設の4大臣合意により策定された。このプランは，子育てを夫婦や家庭だけの問題ととらえるのではなく，国や地方公共団体をはじめ，企業・職場や地域社会も含めた社会全体で子育てを支援していくことをねらいとし，政府部内において，今後10年間に取り組むべき基本的方向と重点施策を定めた計画であった。

エンゼルプランは，以下の3点を基本的視点として掲げていた。

① 子どもを持ちたい人が，安心して子どもを生み育てることができるような環境を整備
② 家庭における子育てが基本であるが，家庭における子育てを支えるため，あらゆる社会の構成メンバーが協力していくシステム（子育て支援社会）を構築
③ 子育て支援施策は，子どもの利益が最大限尊重されるよう配慮

これらの基本的視点に立って，ア）子育てと仕事の両立支援の推進，イ）家

第1部　国・自治体・地域社会が取り組む子育て支援

庭における子育て支援，ウ）子育てのための住宅及び生活環境の整備，エ）ゆとりある教育の実現と健全育成の推進，オ）子育てコストの軽減，という5つの基本的方向が出された。この基本的方向の一番初めに「子育てと仕事の両立支援の推進」があげられ，その方向性の元に，7つの重点施策のうちのひとつとして，「仕事と育児の両立のための雇用環境の整備」があげられている。

　エンゼルプランと同時に「緊急保育対策等5か年事業」が策定され，延長保育等の多様な保育サービスの充実や地域子育て支援センター事業の推進等が打ち出され，1999年度を目標年次として，整備が進められることとなった。
　さらに，1998年には児童福祉法の一部改正により，「どの保育所においても子育ての相談・指導を実施」と明記されるようになり，一部の保育所だけではなく，すべての保育所で地域に開かれた子育て支援事業が実施されるよう義務づけられたことも大きな変化であった。
　しかし，このプランの実施後も少子化の傾向は止まらず，1999年には，『少子化対策の具体的実施計画について』（新エンゼルプラン）が大蔵，文部，厚生，労働，建設，自治の6大臣合意により発表された。これは，従来のエンゼルプランと緊急保育対策等5か年事業を見直したもので，2000（平成12）年度を初年度として2004（平成16）年度までの計画であった。最終年度に達成すべき目標値の項目には，これまでの保育サービス関係ばかりでなく，雇用，母子保健・相談，教育等の事業も加えた幅広い内容となった。
　新エンゼルプランの主な内容として，以下の8点があげられる。

① 保育サービス等子育て支援サービスの充実
② 仕事と子育ての両立のための雇用環境の整備
③ 働き方についての固定的な性別役割分業や職場優先の企業風土の是正
④ 母子保健医療体制の整備
⑤ 地域で子どもを育てる教育環境の整備
⑥ 子どもたちがのびのび育つ教育環境の実現

> ⑦ 教育に伴う経済的負担の軽減
> ⑧ 住まいづくりやまちづくりによる子育ての支援

　特に，②の「仕事と子育ての両立のための雇用環境の整備」では，(1) 育児休業を取りやすく，職場復帰をしやすい環境の整備，(2) 子育てをしながら働き続けることのできる環境の整備，(3) 出産・子育てのために退職した者に対する再就職の支援，が掲げられている。

少子化社会対策基本法から次世代育成支援対策推進法まで

　2003（平成15）年7月，少子化社会対策基本法が議員立法により成立している。この法律は，少子化社会において講ぜられる施策の基本理念を明らかにし，また国，地方公共団体，事業主および国民の責務についても規定したものである。「少子化社会対策基本法」の前文は次のように書き出している。

> 　我が国における急速な少子化の進展は，平均寿命の伸長による高齢者の増加とあいまって，我が国の人口構造にひずみを生じさせ，二十一世紀の国民生活に，深刻かつ多大な影響をもたらす。我らは，紛れもなく，有史以来未曾有の事態に直面している。しかしながら，我らはともすれば高齢社会に対する対応にのみ目を奪われ，少子化という，社会の根幹を揺るがしかねない事態に対する国民の意識や社会の対応は，著しく遅れている。少子化は，社会における様々なシステムや人々の価値観と深くかかわっており，この事態を克服するためには，長期的な展望に立った不断の努力の積重ねが不可欠で，極めて長い時間を要する。急速な少子化という現実を前にして，我らに残された時間は，極めて少ない。…略…こうした事態に直面して，家庭や子育てに夢を持ち，かつ，次代の社会を担う子どもを安心して生み，育てることができる環境を整備し，子どもがひとしく心身ともに健やかに育ち，子どもを生み，育てる者が真に誇りと喜びを感じることのできる社会を実現し，少子化の進展に歯止めをかけることが，今，我らに，強く求められている。

第1部　国・自治体・地域社会が取り組む子育て支援

　同法に基づき，2004年6月に，「少子化社会対策大綱」（以下「大綱」）が閣議決定された。そこでは，「子どもは社会の希望であり，未来の力である」とされた。そして3つの視点として，Ⅰ．自立への希望と力（若者の自立が難しくなっている状況を変えていく），Ⅱ．不安と障壁の除去（子育ての不安や負担を軽減し，職場優先の風土を変えていく），Ⅲ．子育ての新たな支え合いと連帯（家族のきずなと地域のきずな）が，また4つの重点課題として，Ⅰ．若者の自立とたくましい子どもの育ち，Ⅱ．仕事と家庭の両立支援と働き方の見直し，Ⅲ．生命の大切さ，家庭の役割等についての理解，Ⅳ．子育ての新たな支え合いと連帯，が示された。

　この大綱に盛り込まれた施策の効果的推進を図るために，2004（平成16）年12月に「少子化社会対策大綱に基づく重点施策の具体的実施計画について」が策定されている。これを通称「子ども・子育て応援プラン」（図表1.1）と呼んでいる。これは，新エンゼルプランの改定と位置づけられている。そしてこの計画は2005年度から2009年度までの5年間に講ずる具体的な施策内容と目標や，10年後を展望した，「目指すべき社会の姿」が掲げられている。この間，2005年には合計特殊出生率は過去最低となる1.26まで落ち込むことになる。「子ども・子育て応援プラン」では，従来の保育関係事業に加えて，若者の自立や働き方の見直し等，より幅広い領域にわたった施策が含まれているのが特徴である。

　この重点課題の2つめである「仕事と家庭の両立支援と働き方の見直し」については，「職場優先の風土を変え，働き方の見直しを図り，男性も女性もともに，社会のなかで個性と能力を発揮しながら，子育てにしっかりと力と時間を注ぐことができるようにする」とある。

　このなかには，「ファミリーフレンドリー企業（仕事と育児が両立できるような様々な制度と職場環境を持つ企業）の普及促進」，「育児休業の取得促進，子育て期間中の勤務時間短縮等の措置の普及促進」，「男性の子育て参加促進に向けた取組の推進」，「パートタイム労働者の均衡処遇の推進」，「柔軟な転換制度の導入の推進」など，仕事と育児の両立に関連した取り組みの推進が内容として

第 1 章　国の少子化対策の経過

図表 1.1　子ども・子育て応援プランの概要

○少子化社会対策大綱（平成 16 年 6 月 4 日閣議決定）の掲げる 4 つの重点課題に沿って，平成 21 年度までの 5 年間に講ずる具体的な施策内容と目標を提示 ○「子どもが健康に育つ社会」「子どもを生み，育てることに喜びを感じることのできる社会」への転換がどのように進んでいるのかが分かるよう，概ね 10 年後を展望した「目指すべき社会の姿」を掲げ，それに向けて，内容や効果を評価しながら，この 5 年間に施策を重点的に実施		
【4 つの重点課題】	【平成 21 年度までの 5 年間に講ずる施策と目標（例）】	【目指すべき社会の姿（例）】
若者の自立とたくましい子どもの育ち	○若年者試用（トライアル）雇用の積極的活用 ○全国の小・中・高等学校において一定期間のまとまった体験活動の実施	○若者が意欲を持って就業し経済的にも自立［若年失業者等の増加傾向を転換］ ○各種体験活動機会が充実し，多くの子どもが様々な体験を持つことができる
仕事と家庭の両立支援と働き方の見直し	○企業の行動計画の策定・実施の支援と好事例の普及 ○個々人の生活等に配慮した労働時間の設定改善に向けた労使の自主的取組の推進，仕事と生活の調和キャンペーンの推進	○希望する者すべてが安心して育児休業等を取得［育児休業取得率男性 10%，女性 80%］ ○男性も家庭でしっかりと子どもに向き合う時間が持てる［育児期の男性の育児等の時間が他の先進国並みに］ ○働き方を見直し，多様な人材の効果的な育成活用により，労働生産性が上昇し，育児期にある男女の長時間労働が是正
生命の大切さ，家庭の役割等についての理解	○保育所，児童館，保健センター等において中・高校生が乳幼児とふれあう機会を提供 ○全国の中・高等学校において，子育て理解教育を推進	○多くの若者が子育てに肯定的な（「子どもはかわいい」，「子育てで自分も成長」）イメージを持てる
子育ての新たな支え合いと連帯	○地域の子育て支援の拠点づくり（市町村の行動計画目標の実現） ○待機児童ゼロ作戦のさらなる展開（待機児童が多い 95 市町村における重点的な整備） ○児童虐待防止ネットワークの設置 ○子育てバリアフリーの推進（建築物，公共交通機関及び共施設等の段差解消，バリアフリーマップの作成）	○全国どこでも歩いていける場所で気兼ねなく親子で集まって相談や交流ができる ○全国どこでも保育サービスが利用できる［待機児童が 50 人以上いる市町村をなくす］ ○児童虐待で子どもが命を落とすことがない社会をつくる［児童虐待死の撲滅を目指す］ ○妊産婦や乳幼児連れの人が安心して外出できる［不安なく外出できると感じる人の割合の増加］

（出所）http://www.mhlw.go.jp/houdou/2004/12/h1224-4b.html（厚生労働省）

掲げられている。

そして，この2つめの重点課題の「目指すべき社会の姿」(おおむね10年後を展望)として，以下の5つがあげられている。

◇希望する者すべてが安心して育児休業等を取得できる職場環境となる
 (育児休業取得率　男性10%，女性80%／小学校就学の始期までの勤務時間短縮等の措置の普及率25%)
◇男性も家庭でしっかりと子どもに向き合う時間が持てる(育児期の男性の育児等の時間が先進国並みに)
◇働き方を見直し，多様な人材を効果的に育成活用することにより，労働生産性が上昇するとともに，育児期にある男女の長時間労働が是正される
◇働き方の多様な選択肢が用意される
◇育児期に離職を余儀なくされる者の割合が減るとともに，育児が一段落した後の円滑な再就職が可能となる

少子化社会対策基本法と同時期に成立したのが，**次世代育成支援対策推進法**である。2005(平成17)年度から10年間の時限立法となっている。この法律は，「次代の社会を担う子どもが健やかに生まれ，かつ育成される環境の整備を図るため，次世代育成支援対策について基本理念を定めるとともに，国による行動計画策定指針並びに地方公共団体および事業主による行動計画の策定等の次世代育成支援対策を迅速かつ重点的に推進するために必要な措置を講ずる」こととしている。

行動計画を策定・実施し，一定の要件を満たすことにより，厚生労働大臣の認定を受けられ，認定企業になると次世代認定マーク(愛称：くるみん)が受けられ，それを利用することができる。

4 子ども・子育てビジョン

　2007年12月，少子化社会対策会議において「子どもと家族を応援する日本」重点戦略が取りまとめられた。その後，2010年1月，少子化社会対策会議を経て，「少子化社会対策大綱」および「子ども・子育て応援プラン」を見直し，新たに子ども・子育て支援の総合的な対策である「子ども・子育てビジョン」が閣議決定された。

　この「子ども・子育てビジョン」では，次代を担う子どもたちが健やかにたくましく育ち，子どもの笑顔があふれる社会のために，子どもと子育てを全力で応援することを目的として，「子どもが主人公（チルドレン・ファースト）」という考えの下，これまでの「少子化対策」から「子ども・子育て支援」へと視点を移し，社会全体で子育てを支えるとともに，「生活と仕事と子育ての調和」を目指すこととされた。

　このプランでは，「目指すべき社会への政策4本柱と12の主要施策」（図表1.2参照）が示されているが，その4つめの柱である「男性も女性も仕事と生活が調和する社会へ（ワーク・ライフ・バランスの実現）」が，仕事と子育ての両立に，とくに関係している。

　働き方の見直しに関しては，長時間労働を抑制し，年次有給休暇の取得を促進するなど多様な働き方を推進し，またその働き方の見直しに向けた環境整備を図るとしている。合わせて男性の育児休業の取得促進など，男性の子育てへのかかわりを促進していくことになっている。

　仕事と家庭が両立できる職場環境の実現に関しては，育児休業制度その他の両立支援制度の普及・定着および継続就業を支援していくこと，また子育て女性等の再就職支援を図り，子どもを生み育てながら安心して働き続けられる職場環境となるように，男女雇用機会均等の確保および，「同一価値労働同一賃金」に向けた均等・均衡待遇を推進するとある。

第1部 国・自治体・地域社会が取り組む子育て支援

図表1.2 「子ども・子育てビジョン」の概要

[子ども・子育てビジョン](平成22年1月29日閣議決定)

｢子どもと家族を応援する日本｣（個人に過度な負担）　➡　社会全体で子育てを支える（個人の希望の実現）

｢少子化対策｣から｢子ども・子育て支援｣へ　●生活と仕事と子育ての調和

子どもと子育てを応援する社会	家族や親が子育てを担う（個人に過度な負担）（チルドレン・ファースト）	社会全体で子育てを支える〈個人の希望の実現〉

基本的考え方
- 子どもが主人公（チルドレン・ファースト）
- ｢少子化対策｣から｢子ども・子育て支援｣へ
- 生活と仕事と子育ての調和

3つの大切な姿勢
1. 社会全体で子育てを大切にする
   - 子どもを大切にする
   - ライフサイクル全体を通じて社会全体で支える
   - 地域のネットワークで支える
2. ｢希望｣がかなえられる
   - 生活・仕事・子育てを総合的に支える
   - 格差や貧困を解消する
   - 持続可能で活力ある経済社会が実現する

目指すべき社会への政策 4本柱と12の主要施策

1. 子どもの育ちを支え、若者が自立できる社会へ
(1) 子どもを社会全体で支えるとともに、教育機会の確保
- 子ども手当の創設
- 高校の実質無償化、奨学金の充実、学校の教育環境の整備
(2) 意欲を持って就業と自立に向かえるように
- 非正規雇用対策の推進、若者の就労支援（キャリア教育・ジョブ・カード等）
(3) 社会生活に必要な力を学ぶ機会を
- 学校・家庭・地域の協働、地域ぐるみで子どもの教育に取り組む環境整備

2. 妊娠、出産、子育ての希望が実現できる社会へ
(4) 安心して妊娠・出産できるように
- 妊婦健診・出産育児一時金
- 早期の妊娠届出の勧奨、妊婦健診の整備（妊娠・出産・人工妊娠中絶等）
- 相談支援体制の整備
- 不妊治療に関する相談・経済的負担の軽減
(5) 誰もが希望する幼児教育と保育サービスを受けられるように
- 潜在的な保育ニーズの充足も視野に入れた保育所待機児童の解消（余裕教室の活用等）
- 新たな次世代育成支援のための包括的・一元的な制度の構築に向けた検討
- 幼児教育と保育の総合的な提供（幼保一体化）
(6) 子育て期に柔軟な働き方ができるように
- 放課後子どもプランの充実、放課後児童クラブの充実
(7) ひとり親家庭の子どもが困らないように
- 児童扶養手当を父子家庭にも拡充、生活保護の母子加算
(8) 特に支援が必要な子どもが健やかに育つように
- 障害のある子どものライフステージに一貫した支援の強化
- 児童虐待の防止、家庭的養護（ファミリーホーム）の拡充等

3. 多様なネットワークで子育て力のある地域社会へ
(9) 子育て支援の拠点やネットワークの充実が図られるように
- 乳児の全戸訪問指導（こんにちは赤ちゃん事業）
- 地域子育て支援拠点の設置促進
- ファミリー・サポート・センターの普及促進
- 商店街の空き店舗や学校の余裕教室・幼稚園の活用
- NPO法人等の地域子育て活動の支援
(10) 良質な住まいやまちの中で安全・安心にくらせるように
- 子育てファミリー向け賃貸住宅の供給促進
- 子育てバリアフリーの推進（段差の解消、子ども連れに優しいトイレの整備等）
- 交通安全教育等の推進（幼児一同乗用自転車の安全利用の普及等）

4. 男性も女性も仕事と生活が調和する社会へ（ワーク・ライフ・バランスの実現）
(11) 働き方の見直し
- ｢仕事と生活の調和（ワーク・ライフ・バランス）憲章及び「行動指針」に基づく取組の推進
- 長時間労働の抑制及び年次有給休暇の取得促進
- テレワークの推進
- 男性の育児休業の取得促進（パパ・ママ育休プラス）
(12) 仕事と家庭が両立できる職場環境の整備
- 育児短時間勤務制度の定着
- 一般事業主行動計画（次世代育成支援対策推進法）の策定・公表の促進
- 次世代認定マーク（くるみん）の周知・取組促進
- 不利益取扱い防止における対応の検討

（出所）http://www.mhlw.go.jp/bunya/kodomo/pdf/vision-gaiyou.pdf（厚生労働省）

5 育児・介護休業法の改正

また，働き方の見直しの一環として，男女ともに子育て等をしながら働き続けることのできる環境整備のため，2009（平成21）年に「育児・介護休業法」が改正されている（図表1.3）。

図表 1.3　育児休業，介護休業等育児又は家族介護を行う労働者の福祉に関する法律及び雇用保険法の一部を改正する法律の概要

> 少子化対策の観点から，喫緊の課題となっている仕事と子育ての両立支援等を一層進めるため，男女ともに子育て等をしながら働き続けることができる雇用環境を整備する。

1　子育て期間中の働き方の見直し
- 3歳までの子を養育する労働者について，短時間勤務制度（1日6時間）を設けることを事業主の義務とし，労働者からの請求があったときの所定外労働の免除を制度化する。
- 子の看護休暇制度を拡充する（小学校就学前の子が，1人であれば年5日（現行どおり），2人以上であれば年10日）。

2　父親も子育てができる働き方の実現
- 父母がともに育児休業を取得する場合，1歳2か月（現行1歳）までの間に，1年間育児休業を取得可能とする（パパ・ママ育休プラス）。
- 父親が出産後8週間以内に育児休業を取得した場合，再度，育児休業を取得可能とする。
- 配偶者が専業主婦（夫）であれば育児休業の取得不可とすることができる制度を廃止する。
　　　　　　　　　　　　　　※これらにあわせ，育児休業給付についても所要の改正

3　仕事と介護の両立支援
- 介護のための短期の休暇制度を創設する（要介護状態の対象家族が，1人であれば年5日，2人以上であれば年10日）。

4　実効性の確保
- 苦情処理・紛争解決の援助及び調停の仕組みを創設する。
- 勧告に従わない場合の公表制度及び報告を求めた場合に報告をせず，又は虚偽の報告をした者に対する過料を創設する。

【施行期日】平成22年6月30日（ただし，一部の規定は，常時100人以下の労働者を雇用する事業主については平成24年7月1日）
　　　　　4のうち，調停については平成22年4月1日，その他は平成21年9月30日。

（出所）http://www.mhlw.go.jp/topics/2009/07/090701-3.pdf（厚生労働省）

第1部　国・自治体・地域社会が取り組む子育て支援

「平成23年度雇用均等基本調査（確報）」によると，女性の育児休業取得率の推移は，1996（平成8）年度は49.1％であったが，2008（平成20）年度には90.6％まで上昇した。その後は低下傾向がみられたがやや上向きつつあり，2011（平成23）年度は87.8％であった。一方男性の場合，1996年度は，わずか0.12％であり，2007年度に1％を超え，2011年度にようやく2.63％の取得率となっている。男性の育児休業の取得については，定着にはまだ程遠い現状がある（図表1.4）。

図表1.4　育児休業取得率の推移

(％)

年度	1996年	99年	2002年	04年	05年	07年	08年	09年	10年	10年	11年
女性	49.1	56.4	64.0	70.6	72.3	89.7	90.6	85.6	83.7	[84.3]	[87.8]
男性	0.12	0.42	0.33	0.56	0.50	1.56	1.23	1.72	1.38	[1.34]	[2.63]

注）2010年度及び平成2011年度の［　］内の比率は，岩手県，宮城県及び福島県を除く全国の結果。
（資料）「平成23年度雇用均等基本調査（確報）」より作成

6　おわりに

さて，2012年6月の国会に認定こども園法「就学前の子どもに関する教育，保育等の総合的な提供を推進する法」の改正案（180閣法25号）が提出された。少子化の急速な進行，仕事と子育ての両立の難しさ，なかなか解消されない待機児童の問題，先が見えない経済状況等の出産や子育てに対する不安の解消を目指し，2012年8月，三党合意に基づく「子ども・子育て関連3法案」が成立した。同法に基づき，社会保障経費であった年金・医療・介護に子育てを加え，その子育て支援に7000億円を充て，子育てをめぐる課題の解決を目指すこととなった。

国レベルでは，男女共同参画社会の実現に向け，女性の参画を拡大する施策の一つとして「職場における女性の能力発揮を促進するための積極的な取り組み」（ポジティブ・アクション）を推進している。また，「女性労働者の能力発

揮を促進するための積極的な取組」又は「仕事と育児・介護との両立支援のための取組」について，他の模範ともいうべき取組を推進している企業に対する表彰として，「均等・両立推進企業表彰」等がある。

　このように，日本における少子化傾向に対し，国はまず，エンゼルプラン等を通して少子化対策を推進したが，少子化のみならず，子どもや子育て家庭をめぐる多様な問題が十分に解決できないという認識の広まりにより，子育てを個人から社会全体で担うという方向に，また「少子化対策」から「子ども・子育て支援」へと舵を切った。子ども・子育て支援や就労支援がどのような方向に進むべきなのか，今後も注目していく必要がある。

第2章

ファミリー・サポート・センター事業
―地域の絆に支えられる子育て支援の取り組み―

植田みどり

1 はじめに

筆者は現在，保育園に子どもを預けながらフルタイムで仕事をしている。出張や会議などで保育園のお迎えの時間に間に合わない時に利用しているものが，ファミリー・サポート・センター事業である。

そこで本章では，地域的なつながりによる相互補助機関として子育て支援等を行っているファミリー・サポート・センター事業について，筆者が利用しているファミリー・サポート・センターを事例として取り上げながら，利用者の視点から意義と課題についてまとめてみたい。

2 ファミリー・サポート・センター事業の概要

2.1 ファミリー・サポート・センター事業の導入経緯

日本では少子化対策として1990年代からさまざまな施策が実施されてきた。

第2章　ファミリー・サポート・センター事業

そのなかでは，保育所等の整備とともに，子育て支援の整備について触れられている。たとえば，1994年の「子ども子育て支援のための施策の基本的方向について」（エンゼルプラン）では，「今後とも家庭における子育てが基本であるが，家庭における子育てを支えるため，国，地方公共団体，地域，企業，学校，社会教育施設，児童福祉施設，医療機関などあらゆる社会の構成メンバーが協力していくシステムを構築する」という基本方針が示された。そして1999年までの緊急保育対策が出されるなど，行政を中心としてさまざまな施策が投じられていくこととなった。そのようななか，地域における相互補助的な子育て支援の仕組みとして導入されたものがファミリー・サポート・センター事業である。

ファミリー・サポート・センター事業は，1994年に，当時の労働省（現在の厚生労働省）が「仕事と育児両立支援特別援助事業」として，労働者が仕事と育児または介護を両立できる環境を整備するとともに地域の子育て支援を行い，労働者の福祉の増進および児童の福祉の向上を図ることを目的として開始した事業である。この事業は，国，県，市町村が相互援助しながら市町村を単位として実施する事業で（運営費負担は，国が1/2，県1/4，市町村等1/4），人口5万人以上の市町村にある，民法第34条[1)]の規定により設立された公益法人のみが設置できるものであった。

そして，1999年には「重点的に推進すべき少子化対策の具体的実施計画」（新エンゼルプラン）においても，保育サービス等子育て支援サービスの充実のための重点施策のひとつとしてファミリー・サポート・センターの整備（2004年度までに180か所設置という目標）が提示されるなど地域住民による相互補助機関としての機能が重視され始めた。

導入当初は，就労支援の側面が強かったが，2001年度からは，子育て支援の側面も重視され，専業主婦等の利用も可能となった。そして活動内容も，買い物等の外出時や，冠婚葬祭やきょうだいの学校行事の際などでの子どもの預かりも含まれるようになった。

2004年には「少子化社会対策基本法」（2003年施行）に基づく「少子化社会

第1部　国・自治体・地域社会が取り組む子育て支援

対策大綱」が閣議決定された。そのなかで，「子育ての新たな支え合いと連帯」のなかの地域における子育て支援の重点課題に取り組むための行動のひとつとして「子育て中の労働者や主婦等を会員として，地域における育児の相互援助活動を行うファミリー・サポート・センターの設置を促進する」[2]と提言された。また，この「少子化社会対策大綱」を効果的に推進するための重点施策の具体的実施計画としてまとめられた「少子化社会対策大綱に基づく重点施策の具体的実施計画」（通称「子ども・子育て応援プラン」）[3]においても，具体的数値目標を定める事業等のうち重点的に推進する事業（特定事業）のひとつとしてファミリー・サポート・センター事業が設定されている[4]。具体的には，「4. 子育ての新たな支え合いと連帯　(1) きめ細かい地域子育て支援の展開」のなかの「(3) 地域住民による主体的な子育て支援の推進」の具体的な施策のひとつとして，「乳幼児や小学生等の児童を有する子育て中の労働者や主婦等を会員として，送迎や放課後の預かり等の相互援助活動を行うファミリー・サポート・センターの設置促進を行う」と述べられている。そして，具体的な数値目標として2004年度は368か所，2009年度には全国の市区町村の約4分の1に当たる710か所で実施することが設定されている。

　そして，ファミリー・サポート・センター事業は，2005年度より，地域の特性や創意工夫を活かした，次世代育成支援対策推進法（2003年施行）に基づく市町村行動計画の着実な推進を図るために創設された「次世代育成支援対策交付金（ソフト交付金）」[5]を受ける事業となり，事業の拡大，内容の多様化が進むこととなった。また，「次世代育成支援対策交付金（ソフト交付金）」を受けることで，市町村の行動計画に盛り込まれることとなり，事業の着実な推進にも寄与している。

　少子化対策の一環としての地域における相互補助的な就労支援策として導入されたファミリー・サポート・センター事業が，地域における相互補助的な子育て支援策としての側面を重視する形で拡充整備されてきている。また，当初は運営資金の半分を国が負担する市町村単位での事業であったものが，2005年度より国による「次世代育成支援対策交付金（ソフト交付金）」を受ける事業

第 2 章　ファミリー・サポート・センター事業

として拡充整備されたことにより，地域の実情に応じた多様な子育て支援の取り組みが充実している。このように，目的や国の財政的な関与の仕方には変容があるが，少子化対策としての地域の相互補助的な子育て支援の仕組みとしての役割は拡大してきているといえる。

2.2　ファミリー・サポート・センター事業の現状

　1994年度の導入時は4か所であったが，すべての家庭を対象とした事業になった2001年度には，全国に193か所になった。2011年度現在，671市区町村で事業が実施されている（「次世代育成支援対策交付金（ソフト交付金）」を受けている自治体数をさす。以下同じ）[6]。児童の預かり等の基本事業は669市区町村，病児・緊急対応強化事業は106市区町村で実施されている。2010年度では，637市区町村（病児・緊急対応強化事業は70市区町村）で実施されており，前年度比でも34か所増加している。また，すべての都道府県で実施されている。都道府県別の市区町村数は図表2.1の通りである。

　運営形態やファミリー・サポート・センターのコーディネーターの雇用形態，活動内容なども多様である。たとえば，一般財団法人女性労働協会が実施した調査（2009年度設置施設599か所対象，505か所回答）[7]によると次の通りである。

　ファミリー・サポート・センターの運営形態は，自治体の直接運営は232か所（45.9％）で，委託形式（自治体から団体への委託）は272か所（53.9％）であった。委託する団体や運営の補助に当たる団体としては，社会福祉協議会が140か所（51.3％）と最も多く，次いでNPO法人（79か所，29.3％），公益法人（29か所，10.6％）となっている。

　ファミリー・サポート・センターで働くコーディネーターの雇用形態としては，委託先の職員が最も多く（37.0％），次いで市区町村の臨時職員（32.8％），委託先のパートタイム・アルバイト（13.3％），市区町村のパートタイム・アルバイト（12.7％），市区町村の正規職員（10.3％），委託先の臨時職員（9.7％），その他（5.4％）となっている。このように，臨時職員やパートタイム・アルバ

第1部　国・自治体・地域社会が取り組む子育て支援

図表2.1　都道府県別ファミリー・サポート・センター事業の実施自治体数（2011年度）

都道府県名	実施市区町村数	都道府県名	実施市区町村数	都道府県名	実施市区町村数
北海道	23	青森県	6	岩手県	6
宮城県	12	秋田県	7	山形県	13
福島県	10	茨城県	22	栃木県	13
群馬県	10	埼玉県	44	千葉県	20
東京都	47	神奈川県	22	新潟県	14
富山県	10	石川県	12	山梨県	12
長野県	15	岐阜県	17	静岡県	17
愛知県	38	三重県	19	滋賀県	10
京都府	12	大阪府	36	兵庫県	24
奈良県	9	和歌山県	5	鳥取県	7
島根県	9	岡山県	12	広島県	16
山口県	13	徳島県	7	香川県	6
愛媛県	10	高知県	1	福岡県	18
佐賀県	6	長崎県	6	熊本県	19
大分県	7	宮崎県	6	鹿児島県	6
沖縄県	14				

（注）本数値は，「次世代育成支援対策交付金（ソフト交付金）」を受けている自治体数である。
（資料）厚生労働省HP「ファミリー・サポート・センター事業の概要」実施市区町村数より作成

イトなど非正規の雇用形態であるという状況である。また，更新可能な場合が多いが1年任期のところが多く，不安定な雇用状況にある実態も明らかとなっている。このことについては東内瑠里子がコーディネーターの専門性の観点から活動内容や雇用形態の現状との矛盾を指摘し，「コーディネーターが先進的

第2章 ファミリー・サポート・センター事業

に動こうとすればするほど，『支援の充実や達成感，やりがい，生きがい』と『低賃金・時間外労働は自己責任』『責任は重たいが身分は軽い』という矛盾を抱えてしまうのである」[8]と述べている。

提供されている活動内容としては，保育施設の保育開始前や保育終了後の子どもの預かりが最も多く（21.2％），次いで保育施設までの送迎（18.6％），放課後児童クラブ終了後の子ども預かり（14.6％）となっている。そのほかの詳細については図表2.2に示す通りである。

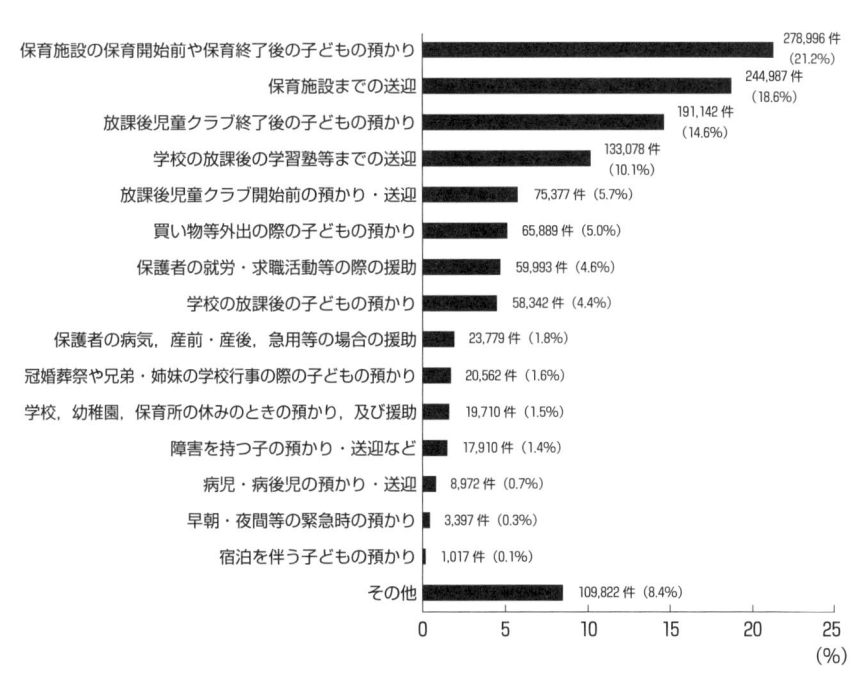

図表2.2　ファミリー・サポート・センターの活動内容別活動件数

活動内容	件数	割合
保育施設の保育開始前や保育終了後の子どもの預かり	278,996件	21.2%
保育施設までの送迎	244,987件	18.6%
放課後児童クラブ終了後の子どもの預かり	191,142件	14.6%
学校の放課後の学習塾等までの送迎	133,078件	10.1%
放課後児童クラブ開始前の預かり・送迎	75,377件	5.7%
買い物等外出の際の子どもの預かり	65,889件	5.0%
保護者の就労・求職活動等の際の援助	59,993件	4.6%
学校の放課後の子どもの預かり	58,342件	4.4%
保護者の病気，産前・産後，急用等の場合の援助	23,779件	1.8%
冠婚葬祭や兄弟・姉妹の学校行事の際の子どもの預かり	20,562件	1.6%
学校，幼稚園，保育所の休みのときの預かり，及び援助	19,710件	1.5%
障害を持つ子の預かり・送迎など	17,910件	1.4%
病児・病後児の預かり・送迎	8,972件	0.7%
早朝・夜間等の緊急時の預かり	3,397件	0.3%
宿泊を伴う子どもの預かり	1,017件	0.1%
その他	109,822件	8.4%

（出所）一般財団法人女性労働協会『ファミリー・サポート・センター活動状況調査結果』（平成22年度）p.Ⅱ-7

2.3 ファミリー・サポート・センター事業の仕組み

　繰り返すが，1994年当初この事業は，国，県，市町村が相互援助しながら推進する事業として始められた。ファミリー・サポート・センターは，人口5万人以上の市町村にある，民法第34条の規定により設立された公益法人のみが設置できるものであった。市町村が設置運営する場合と，公益法人に運営を委託する場合がある。運営費は，国が1/2，県1/4，市町村等1/4で負担する。2005年度からは，「次世代育成支援対策交付金（ソフト交付金）」を受けた事業として実施されている。なお，市町村独自に実施しているものもある。

　サービスを受けたい会員（依頼会員）とサービスを提供したい会員（援助会員）がファミリー・サポート・センターに登録する。会員になるには特別な資格はなく，事業の趣旨に賛同し，ファミリー・サポート・センターが承認すれば誰でもなれる仕組みである。

　ファミリー・サポート・センターは保育機関ではなく，依頼会員と援助会員との調整を行うところである。

　具体的な仕組みは図表2.3の通りである。

　会員が安心して利用できるように，会員に対して育児や介護に関する知識や技能を習得するための研修会をファミリー・サポート・センターが提供している。

　依頼会員は利用時間に応じて利用料金を支払う仕組みである。

　具体的な活動例としては，保育施設までの送迎，保育施設の開始前や終了後または学校の放課後の子どもの預かり，保護者の病気や急用等の場合の子どもの預かり，冠婚葬祭やその他の学校行事の際の子どもの預かり，買い物等外出の際の子どもの預かりなどが実施されている。事業の創設当初は，働く人が仕事と子育てまたは介護の両立を支援する目的で導入されたが，現在は，子どもをもつすべての家庭を対象としたものに広がり，活動内容も多岐にわたっている。また2009年度からは，病児・病後児の預かり，早朝，夜間等の緊急時の預かりなどの事業（病児・緊急対応強化事業）を実施しているところもある。

　このように，ファミリー・サポート・センターは，かつての地縁，血縁機能

第2章 ファミリー・サポート・センター事業

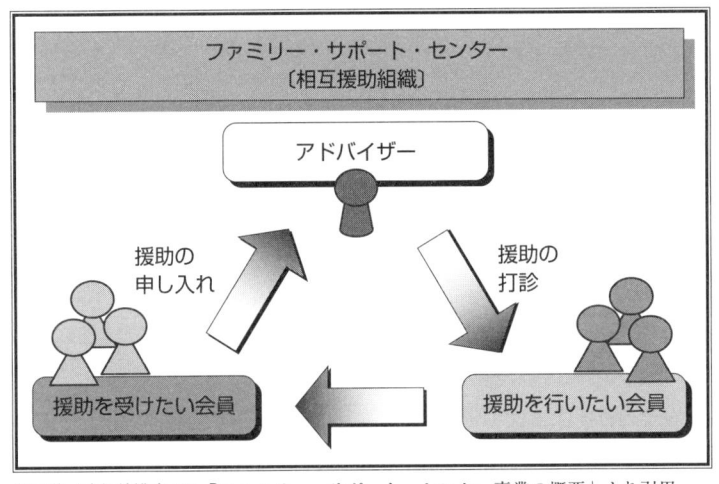

図表2.3 ファミリー・サポート・センター事業の仕組み

(出所)厚生労働省HP「ファミリー・サポート・センター事業の概要」より引用

を代替する相互援助活動を組織化したものである。子どもや高齢者を預かる場所ではなく，育児の援助または介護の援助を行いたい人とそれらの援助を受けたい人が，それぞれ会員になり，相互援助活動を行う，地域におけるボランティア活動であるということができる[9]。そして，その中心にあるファミリー・サポート・センターは，「活動の窓口」[10]なのである。

3 ファミリー・サポート・センター事業の事例—K区の取り組み

3.1 K区のファミリー・サポート・センター事業の概要[11]

K区では，2000年4月にファミリー・サポート・センターが設置され，2001年1月より事業を開始した。区から委託された社会福祉法人K区社会福

第1部　国・自治体・地域社会が取り組む子育て支援

祉協議会が運営主体となり，事業を実施している。K区では，ファミリー・サポート・センター事業を「ファミリー・サポート事業」と称している。ファミリー・サポート・センターは，K区福祉サービス課在宅サービス係の所属である。課長，係長の他に，4名のコーディネーターが在籍している。

　開始当初（2001年1月）は，利用会員（上記の「依頼会員」に該当）223名，協力会員（上記の「援助会員」に該当）85名，両方会員2名の登録であった[12]。2012年3月現在，利用会員2,527名，協力会員606名が登録をしている[13]。

　K区におけるファミリー・サポート事業の目的は，「区内で育児の手助けが出来る方と育児の手助けを必要とする方からなる会員組織を設立し，育児支援を図る環境を区民の相互協力活動（ボランティア活動）によって整備し，育児家庭の福祉増進を目指すこと」である。この目的を達成するためにファミリー・サポート・センターは，第1に，育児の手助けが必要な方（利用会員）と育児の手助けが出来る方（協力会員）を会員として募集，登録し，利用会員からの依頼に応じて，協力会員を紹介する活動，第2に会員向けの広報紙の発行や交流会の開催，会員からの各種相談に応じる活動を実施している。

　ファミリー・サポート事業の会員になる資格としては，K区内に在住という条件と下記の利用会員，協力会員それぞれに該当する条件がある。

　○利用会員：生後57日から小学校3年生までの児童をお持ちで，この事業
　　　　　　　に理解のある方
　○協力会員：この事業に熱意を有する20歳以上の心身共に健康な方で，セ
　　　　　　　ンターが実施する協力会員登録養成講座を修了した方

　利用会員になるには，上記の条件を満たしたうえで，ファミリー・サポート・センターが開催する利用会員説明会（毎月2回，予約制）を受け，事業の趣旨を理解，承諾したうえで，所定の登録用紙を提出する必要がある。一方協力会員になるには，ファミリー・サポート・センターが実施する協力会員登録講座（年7回）を修了することが義務づけられている。会員には会員証が発行され，毎年年度末に，「継続意思確認票」が送付され，次年度以降の継続の意思確認が行われている。

第2章　ファミリー・サポート・センター事業

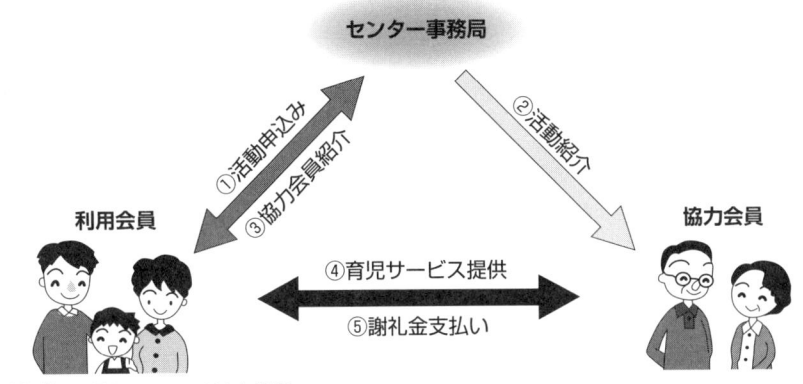

図表2.4　K区におけるファミリー・サポート事業の仕組み

```
                    センター事務局
          ①活動申込み  ↕  ②活動紹介
          ③協力会員紹介
     利用会員  ←④育児サービス提供→  協力会員
              ←⑤謝礼金支払い→
```

（出所）K区ホームページより引用

K区におけるファミリー・サポート事業の仕組みは図表2.4に示す通りである。

3.2　K区におけるファミリー・サポート事業の活動

K区では，次の事項を活動内容としている。そのうえで，専門的な保育やしつけ，病児の活動，宿泊をともなう活動は行わないということが明記されている。また，K区では病時の預かりの活動はしていない。

・保育園，幼稚園等の送迎
・保育園，幼稚園等の登園前，降園後の一時預かり
・学校の放課後，学童保育終了後の一時預かり
・育児者の出産，病気時等の一時預かり
・育児者が家族看護，地域，社会参加活動の際の一時預かり
・その他やむを得ない事情による一時預かり

活動の場所は原則として協力会員の自宅となっている。しかし，打ち合わせの時点で両者が了解すれば，活動時間の一部を児童館，公共施設，公園等で遊ばせることも可能である。

活動時間は，午前7時から午後10時までとなっている。ただし，生後57日

図表2.5　K区における謝礼金の単価表

曜日	時間	謝礼金
月曜日から金曜日	午前8時から午後6時まで	800円
	その他の時間	1,000円
土日，祝日及び年末年始（12月29日〜1月3日）	午前7時から午後10時	1,000円

(注)　子ども1名，1活動，1時間当たりの単価
(出所)　社会福祉法人K区社会福祉協議会『K区ファミリー・サポート・センター会員の手引き』, p.3

から4か月未満の乳児の預かりは3時間以内とされている。

　利用会員は利用した時間に応じて協力会員に謝礼金を支払う。謝礼金の単価は図表2.5の通り規定されている。謝礼金は，活動終了後に直接協力会員に支払う仕組みである。

　謝礼金の他に，活動中の，送迎等に要した交通費，おやつや食事等の代金は実費を支払う。兄弟姉妹を同時に預けた場合は，2人目は半額となる。キャンセルした場合のキャンセル料なども規定される。

　活動中の事故に備えて，会員はファミリー・サポート・センター補償保険に一括して加入している。保険料はファミリー・サポート・センターが負担している。事前にファミリー・サポート・センターに活動の連絡をしておけば，活動中の子どものけがや協力会員の傷害，第三者への身体または財物の損害などへの補償が受けられる。

　K区では，この事業の性格を，第1に会員の相互協力によるボランティア活動であり，会員同士の信頼関係のもとに成り立っているものであること，第2に会員の協力活動は，会員同士の承諾に基づき依頼された内容の範囲内で行うもので，専門的保育を行うものではないということと明記し，円滑な事業運営を目指している。そのため，下記のように利用できる理由を明記している。そのうえで，保護者のレジャーのための利用はできないことが明記されている。

○利用できる理由
　・仕事のため　　　　　　　　　・研修，教育訓練のため
　・産前産後のため　　　　　　　・保護者の病気や通院のため
　・家族の看護や通院のため　　　・保育施設や学校行事のため
　・求職活動のため　　　　　　　・生涯学習，社会参加のため

K区における活動の流れは，次の通りである。
　① 活動の申し込み
　　ファミリー・サポート・センターに，利用会員は具体的な活動内容，日時，利用頻度などを電話または直接来所で伝える。
　② 活動紹介
　　ファミリー・サポート・センターでは，活動できる協力会員を探す。
　③ 協力会員の紹介
　　ファミリー・サポート・センターから利用会員に電話で協力会員の氏名，電話番号を伝える。
　④ 電話連絡，事前打ち合わせ
　　利用会員は，紹介された協力会員に電話をする（当日中もしくは3日以内）。事前打ち合わせの日程を相談し，子どもも同席のうえで事前打ち合わせを行う（紹介から1か月以内）。
　⑤ 成立報告
　　事前打ち合わせ終了後，ファミリー・サポート・センターに利用会員が電話で連絡し，活動日時等を報告する。
　⑥ 育児サービス提供
　　依頼日に協力会員は活動を行う。
　⑦ 謝礼金の支払い
　　活動終了後，利用会員は協力会員に謝礼金を直接支払う。
　　協力会員が作成する活動報告書に利用会員はサインをする。

第 1 部　国・自治体・地域社会が取り組む子育て支援

⑧ 活動報告書の提出
　　協力会員は毎月まとめて，利用会員がサインした活動報告書をファミリー・サポート・センターに提出する。
　利用会員が新たに活動を希望する場合は，紹介済みの協力会員に直接相談することができる。その結果，活動が成立した場合はファミリー・サポート・センターに電話で報告し，活動を行うことができる。成立しなかった場合は，ファミリー・サポート・センターに連絡し，別の協力会員を紹介してもらうことができる。

3.3　ファミリー・サポート事業の事例

　筆者は，二人の子どもの保育園へのお迎えとその後の一時預かりを週1回受けるという内容でファミリー・サポート事業を利用した。
　まず，利用会員説明会に参加し，登録を行ったうえで，具体的な希望の活動内容をファミリー・サポート・センターに伝え，協力会員の紹介を依頼した。具体的には，保育園へのお迎えとその後の夕食の提供を含めた一時預かりを依頼した。また，お迎えの都合を考え自宅近くに在住の協力会員をお願いした。幸いにして自宅近くの協力会員を紹介してもらうことができた。
　当時子どもはまだ0歳と3歳で，別々の保育園に在籍していた。毎週，午後5時に2か所の保育園へのお迎えをしていただき，協力会員宅へ帰宅後には夕食を提供していただいた。毎回，子どもの嗜好に合わせた手作りの食事を提供していただいた。また，0歳の子どもは離乳食を始めたばかりであったので，持参した離乳食を食べさせてもらった。食事後は午後8時のお迎えまでの時間，協力会員の家族の方々に遊んでいただき，毎回楽しく過ごしていた。子どもからは「○○おばちゃんのところは次はいつ？」と聞かれることもあり，毎週子どもも楽しみにしていた。また，時には協力会員の知り合いなども交えた会に参加させていただく機会もあり，近所の年上のお兄さん，お姉さんたちに囲まれ，保育園とは違った体験をすることもできた。利用会員であった筆者も，毎回の活動報告書に書かれている内容を拝見したり，また子どもからの話

第2章　ファミリー・サポート・センター事業

から，活動の内容を知ることができ，安心しながら預けることができていた。

　預かった子どもの成長を自分の子どものように思って暖かく見守りながらお世話をしてくださり，近所に安心できる居場所を見つけることができた思いである。子どもも近所に家庭とは違う居場所を見つけたようで，定期的な利用をしていない現在でも「○○おばちゃんに会いたいなあ」と言っている。また，ファミリー・サポート事業を利用する以前は，地域に在住の人と交流する機会がほとんどなかった筆者家族にとって，ファミリー・サポート事業を通して地域とのつながりができたと感じている。

4 まとめ

　少子化対策のひとつとして，地域的なつながりによる子育て支援等を行う相互補助機関として導入されたファミリー・サポート・センターであるが，その意義については創設当初より指摘されている。たとえば，1998年の厚生白書[14]において，4人の子育てをしながら訪問介護の仕事をしている女性の事例を紹介し，「(4人の子育てをしながら，)無理のない社会参加をしたい人たちの心強い味方である」と紹介し，就労支援的な意義を指摘している。また，2004年度の「国民生活選好度調査」においても，夫婦の親以外に子育てを頼る相手として，自分の親（69.9％），配偶者の親（40.2％）に続き，公的な子育て支援サービス（ファミリー・サポート・センターなど）（26.6％）が入っている（図表2.6）。同調査では「夫婦の親以外に子育ての手助けは頼みにくい状況が伺える」[15]と指摘されているが，夫婦の親に変わる"第3の担い手"としての存在意義は増してきているともいえる。

　筆者自身が利用者として感じる意義と課題は次の点である。意義としては，第1に，地域的なつながりによる子育て支援の活動という点である。前述した通り，ファミリー・サポート・センター事業を利用するまでは，ほとんど地域住民との交流はなかった。しかし，協力会員を通じて地域とのつながりができたことで，近所に頼れる知人ができたという安心感，つまり，子育てだけでな

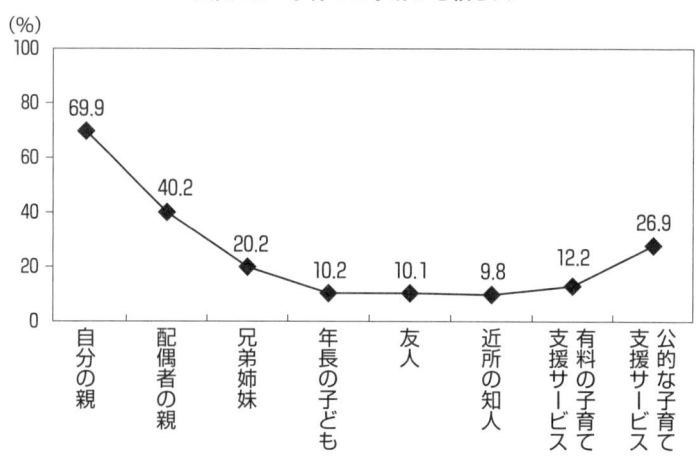

第 1 部　国・自治体・地域社会が取り組む子育て支援

図表 2.6　子育ての手助けを頼む人

- 自分の親：69.9
- 配偶者の親：40.2
- 兄弟姉妹：20.2
- 年長の子ども：10.2
- 友人：10.1
- 近所の知人：9.8
- 有料の子育て支援サービス：12.2
- 公的な子育て支援サービス：26.9

（備考）回答者は，全国の 15 〜 79 歳の男女 3,670 人。「その他」「無回答」は記載を省略。
（出所）内閣府国民生活局『平成 16 年度　国民生活選好度調査』2006 年，p.28 より引用

く何かあればあの方を頼ればいいという安心感を得ることができた。第 2 に，ファミリー・サポート・センターという仲介者がいることである。ファミリー・サポート・センターへの登録制であることや会員への講習会や交流会を実施していること，保険等の補償制度などがあることにより，ファミリー・サポート・センターの活動内容への信頼感がもてる。そのファミリー・サポート・センターから信頼でき，かつ熱意のある協力会員を紹介してもらえることで，人を探す労力や不安などをもつことなく支援を受けることができる。このような負担感の少なさと安心感は重要である。第 3 に，民間企業に比べて安価であることである。筆者も当初は民間企業のベビーシッター等の利用を検討していた。民間企業のベビーシッター等とは比較にならないくらいの安価な価格で利用できることは，国民が平等に子育て支援を受けるための条件として重要な要素であると考える。

　一方課題としては，第 1 に，ファミリー・サポート・センター事業への認知度が低いことである。筆者も知人に教えてもらうまで知らなかった。K 区で

第 2 章　ファミリー・サポート・センター事業

図表 2.7　K 区における地域ごとの利用会員数と協力会員数（2012 年 3 月 31 日現在）

地区名	A	B	C	D	E	F	G	H	I	合計
利用会員	290	100	174	768	143	2556	247	271	278	2527
協力会員	52	37	44	162	44	47	74	84	62	606

（出所）K 区ホームページより引用

も区報や保育園等での掲示などはされている。しかし，まだ一般的な認知度は低いのが現状である。第 2 に，協力会員の確保である。K 区においても利用会員の登録者数は順調に増加している一方で，協力会員の数は利用会員に比べて増加していない。また，区内でも地域によって利用会員と協力会員の数のアンバランス（図表 2.7）があり，需要と供給の地域格差の解消も課題である。たとえば，E 地区や H 地区と A 地区や F 地区とでは利用会員と協力会員の割合の差があることがわかる。今後はいかに協力会員を確保していくのかということが課題である。「地縁的なネットワークのない依頼会員も援助を求めることで身近な地域のなかに知人が広がっていくことになる。こうして広がった地縁的なネットワークが新たな援助会員を創出することにつながっていけば，ファミリー・サポート制度の継続維持の仕組みも十分に機能していくことになる」[16]という指摘があるように，子育て支援の担い手をいかに育成していくのかという戦略が必要である。

　第 3 に，ファミリー・サポート・センターの体制である。現在は K 区のファミリー・サポート・センターには 4 名のコーディネーターが在籍し，運営に当たっている。しかし，2,500 人強の利用会員がおり，また年間 1 万件近い利用実績がある活動を 4 人で調整（協力会員の調整など）したり管理（活動報告書のとりまとめ，保険への対応など）したり，相談業務にあたる負担は大きいといえる。マンションなどが多数建設され，近隣に親や親戚等がいない家庭が多いなかで，今後もファミリー・サポート・センター事業に対するニーズは高まってくる。今後はコーディネーターも含めた運営体制の強化を進める必要がある。コーディネーターの体制については，東内や一般財団法人女性労働協会な

第1部　国・自治体・地域社会が取り組む子育て支援

ども指摘しているように[17]，K区だけではなく，全国的な課題である。

　ファミリー・サポート・センター事業の意義については，これまでの調査研究においてもさまざまに指摘されている。第1に，地域づくりという視点である。「単純な子育て支援の効果だけでなく，希薄化している地域のつながりを創出する機会を提供する意味でも評価が高い」[18]など，地域のつながりによる子育て支援が地域のつながりを作り出すという意義が指摘されている。筆者もファミリー・サポート・センター事業を利用するなかで，この点を一番実感している。このような子育て支援の取り組みから新たな地域住民のつながりを創るという仕組みは，今後の新しいコミュニティーづくりの手法として活用できる可能性があると考える。第2に，公的な制度の補完的な機能という視点である。「『制度のすき間を埋める』役割をもち，従来の保育制度を補完する組織として位置づけられていることが理解できる」[19]という，行政だけでは補完できないきめ細かな支援を可能にするという意義も指摘されている。第3に，社会への付加価値を生み出すという視点である。「ファミリー・サポート・センターは，高齢者にとって，自分の子育て経験を生かす機会，ならびに孫育てでは不十分な点を保管する機会を提供する機能を持っている」[20]など，高齢者の生きがい創出という副次的な効果を生み出すという側面も指摘されている。

　山下亜紀子は，ファミリー・サポート・センター事業における育児支援者の動機づけについて分析し，ボランタリーな精神と同時に，①専門性の活用，②家族の代替性，③子育て経験の活用，④社会参加の4つがあると指摘している[21]。今後，ファミリー・サポート・センター事業を拡充整備し，地域の絆によって支えられる子育て支援の機能を整備していくためには，上記の4つの要素を包含した仕掛けづくりを関係者が連携協力しながら創り上げることが重要である。

　ファミリー・サポート・センター事業は，労働者への就労支援から在宅親子を含めた全員への子育て支援へと方向転換し，拡大してきている。利用者としての筆者もファミリー・サポート・センター事業は，就労支援であり子育て支援であると感じている。それが地域との絆によって支えられ，成り立っている

第 2 章　ファミリー・サポート・センター事業

という点にこの制度の意味があると思う。一昔前であれば，近所づきあいのなかで自然に行われていた子育て支援の機能を，ファミリー・サポート・センターという相互補助機関を通して"人工的"に作り出しているのがファミリー・サポート・センター事業であるといえる。しかし，それは単なる子育て支援であったり，近所づきあいというもので終わるのではなく，高齢者の生きがいづくりという生涯学習的な側面や地域住民を巻き込んだ新たなコミュニティーづくりという側面に拡大することによって，さらなる発展を遂げていくことが期待される。

＊謝辞　このような原稿を執筆できましたのは，ファミリー・サポート・センター事業でお世話になっているＳ様，そして，Ｓ様をご紹介くださいました社会福祉法人Ｋ区社会福祉協議会の皆様のおかげです。この場をお借りしてお礼を申し上げます。

注
1) 民法第34条「法人は，法令の規定に従い，定款その他の基本契約で定められた目的の範囲において，権利を有し，義務を負う」
2) 『少子化社会対策大綱』2004年，p. 14
3) 「子ども・子育て応援プラン」には，地方自治体や企業等とともに計画的に取り組む必要があるものについて2009年度までの5年間に講ずる具体的な施策内容と目標を掲げるとともに，概ね10年後を展望した目指すべき社会の姿を示し，この5年間で重点的に取り組むべき事項が盛り込まれている（本書第1章参照）。
4) 厚生労働省『子ども・子育て応援プラン』2006年，p. 30
5) 「次世代育成支援対策交付金（ソフト交付金）」とは，「次世代育成支援対策推進法」に基づき策定された市町村行動計画に定められている地域の特色や創意工夫を活かした子育て支援事業その他次世代育成支援対策に資する事業の実施を支援するために2005年度に創設されたものである。これは，2004年12月24日に策定された「少子化社会対策大綱に基づく重点施策の具体的実施計画」（通称「子ども・子育て応援プラン」に掲げられる重点事業を中心に，各種の子育て支援事業などの次世代育成支援対策に関する事業の実施に必要な経費について，毎年度の事業計画全体を対象に，一定の算定基準に基づき交付されるものである。

6) 厚生労働省「ファミリー・サポート・センター事業の概要」http://www.mhlw.go.jp/bunya/koyoukintou/ikuji-kaigo01/（参照 2012.12.14）
7) 一般財団法人女性労働協会『ファミリー・サポート・センター活動状況調査結果（平成 22 年度）』2010 年
8) 東内瑠里子「地域の子育て支援におけるコーディネーターの専門性と課題—ファミリー・サポート・センター事業に着目して—」『佐賀女子短期大学研究紀要』第 44 集，2010 年，p. 81
9) 川島貴美江・山田美津子「静岡県におけるファミリー・サポート・センターの現状と課題」『静岡県立大学短期大学部研究紀要』第 19 号，2005 年，p. 52
10) 林寛子「地域における社会的ネットワークとボランティア活動—ファミリー・サポート・センター会員調査を手がかりとして—」『やまぐち地域社会研究』(9)，2011 年，p. 135
11) K 区ファミリー・サポート・センター会員の手引き，社会福祉法人 K 区社会福祉協議会を中心に，K 区における取り組みを記述する。
12) K 区社会福祉協議会「ファミサポ通信　No. 23」2011 年 5 月 20 日発行
13) K 区ホームページ
14) 厚生省『厚生白書　少子社会を考える—子どもを産み育てることに「夢」を持てる社会を—（平成 10 年版）』1998 年
15) 内閣府国民生活局『平成 16 年度　国民生活選好度調査』2006 年，p. 28
16) 林寛子，前掲論文，p. 146
17) 東内瑠里子，前掲論文，pp. 71-83 や，一般財団法人女性労働協会，前掲書などで指摘されている。
18) 東内瑠里子「子育て・家庭教育支援における親の学習機会の再考—佐賀市・鳥栖市のファミリー・サポート・センターを事例として—」『佐賀女子短期大学研究紀要』第 41 集，2007 年，pp. 69-76
19) 山下亜紀子「育児支援者の動機付けに見る地域型育児支援の展望」『国立女性教育会館研究紀要』第 8 号，2004 年，p. 41
20) 松井剛太「ファミリー・サポート・センターの副次的意義に関する検討—高齢者の「生きがい」に注目して—」『香川大学教育学部研究報告　第 1 部』131 号，2009 年，p. 27
21) 山下亜紀子，前掲論文，pp. 39-50

第3章 地域子育て支援拠点事業・人とつながる力を育む支援
―ある子育て支援センターでの実践から―

小川　晶

1 はじめに

　本章で取り上げる「子育て支援センター」とは，1994（平成6）年に当時の厚生省（現厚生労働省）が「緊急保育対策等5か年事業」のなかで設置を計画した「地域子育て支援センター」である。「緊急保育対策等5か年事業」は，当時の厚生省・文部省・労働省・建設省が策定した「エンゼルプラン」の施策の具体化の一環として，「エンゼルプラン」のうち緊急に整備すべき保育対策等を推進するための基本的な考え方である。「エンゼルプラン」が少子化対策を主眼に置いているので，「緊急保育対策5か年事業」も女性の社会進出の増加にともなう保育需要の多様化への対策が中心となっている。

　しかし，この頃から子育ての孤立や育児不安が顕在化し，それに対応すべく，すでに1994年には「保育所地域子育てモデル事業」が開始されている。モデル期間を経て1995年に「地域子育て支援センター事業実施要項」により，市町村を実施主体とした「地域子育て支援センター事業」が具体的に実施されることとなる。

第1部　国・自治体・地域社会が取り組む子育て支援

　少子化対策から子育て支援へと政策が移行するのにともなって，基礎自治体の地域子育て支援事業も，待機児解消や女性への就労支援を主とした取り組みから，育児不安や育児ストレスの解消や子育て家庭相互のかかわりへの支援に重点を置き，地域の資源を活用して人と人とがつながりながらすべての子育て家庭を支援するという取り組みへと変容してきた。ここには，子どもを産み育てることへの負担や不安について，3歳未満児の約7割が家庭で子育てしていること，核家族化や地域のつながりの希薄化，男性の子育てへのかかわりが少ないこと，子どもの数の減少による子育て環境の悪化といった実態からの再考がある。

　本章では，子育て支援センターの取り組み事例を紹介しながら，地域子育て支援拠点事業に期待される人とつながる力を育む支援の方法について考えていきたい。

2　地域子育て支援拠点事業の概要

2.1　地域子育て支援センター事業から地域子育て支援拠点事業へ

　1995（平成7）年に開始された「地域子育て支援センター事業」は数回の修正が行われ，2007（平成19）年度からは「地域子育て支援拠点事業」として再編され，地域のすべての子育て家庭を支える地域の拠点整備や支援の内容の充実を目指すこととなった。

　地域での子育て支援の拠点事業としては他に，2002（平成14）年度から開始された「つどいの広場事業」があった。これは主に0歳～3歳の乳幼児とその親を対象とした，交流の場や相談支援を提供する事業であった。

　「地域子育て支援拠点事業」では，「地域子育て支援センター事業」と「つどいの広場事業」に児童館の活用も加えて再編し，ひろば型，センター型，児童館型として展開している。

　図表3.1は「地域子育て支援センター事業」の概要を，図表3.3は「地域子

第3章 地域子育て支援拠点事業・人とつながる力を育む支援

図表 3.1 「地域子育て支援センター事業」「つどいの広場事業」の概要

	実施主体	実施する指定施設	職員配置	事業の内容
「地域子育て支援センター事業」実施要項 平成7年	市町村	① 保育所 ② 必要に応じて母子寮や乳児院	・指導者と担当者を置く 指導者：保母等の保育についての知識と経験と各種福祉施策の知識を有する者 担当者：保母等の保育についての知識と経験を有する者	① 育児不安等についての相談指導 ② 子育てサークル等の育成・支援 ③ 特別保育事業の積極的実施
「地域子育て支援センター事業」実施要項 平成10年	市町村	① 同上 ② 同上	・同上 ただし，指導者のみも可＝小規模型指定施設	① 同上 ② 同上 ③ 同上
「地域子育て支援センター事業」実施要項 平成12年	市町村 ただし，児童福祉施設又は医療施設を経営する者に委託することもできる	① 同上 ② 同上 ③ 他に，小児科医院等の医療施設または公共施設も指定することができる	・同上	① 実施可能なら他に，保健相談 ② 同上 ③ 同上 ④ ベビーシッターなどの保育資源の情報提供 ⑤ 家庭的保育を行う保育者への支援
「つどいの広場事業」実施要項 平成14年度	市町村 ただし，社会福祉法人等に委託することもできる	子育て親子が集うに適した場所を拠点とする	・子育てアドバイザー2名を置く。ほかにボランティアスタッフを活用する。 子育てアドバイザー：子育て親子への支援の知識と経験豊富な者	(1) 子育て親子の交流，集いの場の提供 (2) 子育てに関する相談・援助の実施 (3) 地域の子育て関連情報の提供 (4) 子育て及び子育てに関する講習の実施

(資料) 厚生労働省HPより作成

第 1 部　国・自治体・地域社会が取り組む子育て支援

図表 3.2　「地域子育て支援拠点事業」への再編イメージ

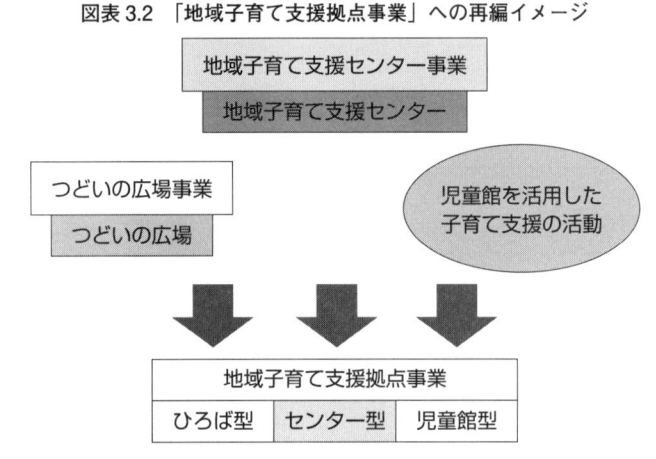

```
         ┌─────────────────────┐
         │  地域子育て支援センター事業  │
         │   地域子育て支援センター    │
         └─────────────────────┘

┌──────────────┐              ╭──────────────╮
│ つどいの広場事業  │              │  児童館を活用した  │
│  つどいの広場   │              │  子育て支援の活動  │
└──────────────┘              ╰──────────────╯

        ↓           ↓            ↓
    ┌──────────────────────────────┐
    │      地域子育て支援拠点事業       │
    ├────────┬────────┬────────┤
    │ ひろば型 │ センター型 │ 児童館型 │
    └────────┴────────┴────────┘
```

※その後さらに事業の充実が検討され，「ひろば型」と「センター型」が「一般型」に，「児童館型」が「連携型」に再編され，加えて，「一般型」には「利用者支援」と「地域支援」という機能の強化が図られ，2013（平成 25）年度から実施されている。

（資料）厚生労働省 HP を参考にして作成

育て支援拠点事業」の概要を，図表 3.2 は再編の概要をそれぞれ示したものである。

　図表 3.1，図表 3.2，図表 3.3 からわかるように，「地域子育て支援センター事業」から「地域子育て支援拠点事業」への再編にあたって，「地域子育て支援センター」が「センター型」に，「つどいの広場」が「ひろば型」に，さらに，これまで児童館を利用して行われていた比較的困難度が低い子育て支援を「児童館型」として位置づけている。「地域子育て支援センター事業」の修正や「地域子育て支援拠点事業」への再編を追うと，実施主体の緩和や実施施設の拡大，配置される職員の専門性による支援役割の明確化といった変遷が読み取れる。「センター型」は，保育士や看護師などの専門職が従事するので，「ひろば型」や「児童館型」に比べ子育てや親支援に関する高い専門性を要する支援を提供できる。それだけに長い開設時間が設定されている。一方，「ひろば型」や「児童館型」は，保育や相談援助の専門家ではない者による支援が行われるので，支援課題の困難度が低い子育て家庭が対象となる。事業の再編は，「セ

第3章　地域子育て支援拠点事業・人とつながる力を育む支援

図表 3.3　地域子育て支援拠点事業の概要

地域子育て支援拠点事業 平成 19 年		実施主体	
		市町村 社会福祉法人，NPO 法人，民間事業者へ委託可能	
	実施場所 開設時間	従事者	基本事業
ひろば型	公共施設内スペース，学校の余裕教室，幼稚園，民家，マンションの一室など 週3日以上， 1日5時間以上	子育て親子の支援に関して意欲があり，子育ての知識と経験を有する者（2名以上配置）	① 子育て親子の交流の場の提供と交流の促進 ② 子育て等に関する相談・援助の実施 ③ 地域の子育て関連情報の提供 ④ 子育て及び子育て支援に関する講習等の実施
センター型 （小規模型指定施設についてはセンター型やひろば型へ移行）	保育所等の児童福祉施設，公共施設など 週5日以上， 1日5時間以上	保育士や看護師など，育児，保育に関する相談指導等についての相当の知識や経験を有する者で，地域の子育て事情に精通した者（2名以上配置）	① 同上 ② 同上 ③ 同上 ④ 同上 ※①～④に加え，地域支援活動の実施
児童館型	児童館 週3日以上， 1日3時間以上	子育て親子の支援に関して意欲があり，子育ての知識と経験を有する者（1名以上）に，児童館職員が協力	① 子育て親子の交流の場の提供 ② 子育て等に関する相談・援助の実施 ③ 地域の子育て関連情報の提供 ④ 子育て及び子育て支援に関する講習等の実施

(資料) 厚生労働省 HP より作成

ンター型」「ひろば型」「児童館型」が役割分担と連携をしてそれぞれの子育て家庭に適した支援を提供することもねらいとしているので，拠点相互で親子の情報や拠点での支援内容を共有し，子育て親子の状況に応じてより適した支援を受けられる他の拠点へとつなぐことも可能である。

2.2 より身近な子育て支援拠点

2009（平成21）年度と2011（平成23）年度の地域子育て支援拠点事業実施箇所数を示したものが図表3.4である。

設置目標について，「地域子育て支援センター事業」では子育て支援センター数を増やしていくことが中心であったが，「地域子育て支援拠点事業」ではすべての中学校区での設置（全国10,000か所）という設置目標を設定している。中学校区というのは，都市部なら徒歩20分程度のいわゆる徒歩圏内でもあり，子育て親子が徒歩や自転車でも足を運べる距離である。自分が暮らす地域で子育て支援拠点が徒歩圏内に設置されていて，隣接する地域にも別の子育て支援拠点が設置されているとすれば，子育て親子は気軽に足を運べるだけでなく，自分にあった子育て支援拠点を選ぶこともできる。全体として基礎自治体にバランスよく子育て支援拠点が点在することは，「身近さ」の点において，設置数の増加に加えて重要なことである。

「身近さ」においてもうひとつ重要なことがある。それは，「もう一度行きたくなる」「通いたくなる」という関係性である。子育て支援拠点には必ず従事者が配置されることになっている。それは，子育て支援拠点が交流や情報提供の場としてではなく，むしろ交流や情報提供をツールとして，従事者とのかかわりを通して継続して支援をすることが目的であるからである。「地域子育て支援拠点事業」の「基本事業」にある「子育て等に関する相談・援助」を行う従事者が，拠点により専門性を異にするのは，専門職ではない支援者とのかかわりが心地よい子育て親子もおり，逆に専門職とのかかわりが必要な親子もいるからである。距離が近いだけでなく，子育て親子にとって従事者

図表3.4　地域子育て支援拠点数

	2009年度	2011年度
ひろば型	1,527か所	2,132か所
センター型	3,477か所	3,219か所
児童館型	195か所	371か所
合計	5,199か所	5,722か所
設置目標		10,000か所

（資料）厚生労働省HPより作成

第3章　地域子育て支援拠点事業・人とつながる力を育む支援

との関係性が心地よいことで居心地のよい「身近な」拠点であることこそ，子育て支援が有効に行える条件であると考える。

3 子育て支援センター「A ルーム」での支援の実際

3.1 「A ルーム」の概要

　地域子育て支援センター「A ルーム」は東京近郊の人口約 8 万人の A 市内にあり，公立保育所に併設された子育て支援センターである。2006（平成 18）年の開所と同時に地域子育て支援センター事業を開始した。

　今回「A ルーム」を取り上げたのは，ルーム内の支援内容の充実度だけでなく，地域の子育て支援ネットワークの構築やマネージメントまでを「A ルーム」が担当しているなど，地域の子育て支援を主導していること，その支援は利用者の評価を得ているだけでなく，支援を受けている利用者の変容プロセスを調査した結果，一定の評価が可能であると著者が判断したからである。

　「A ルーム」の従事者は，保育士 2 名でともに，併設している保育所の保育士である。「A ルーム担当保育士」という位置づけであるが，保育所保育には加わらず「A ルーム」での子育て支援の専任である。保育所に併設されていることで，子どもだけが同年代のクラスに入って遊び，その間母親と個別で話をすることや，親子で同年代のクラスに入って過ごす時間を作ることが容易である。子どもの暮らしや成長・発達，保育士のかかわり，子ども同士のかかわり，年齢とともに成長するプロセスなど，日常的に子どもが生活する保育所に併設されていることでのメリットは多い。また，建物の構造やトイレ，水道まわり，園庭，テーブルやいす，玩具など，すべてが子どものために整えられている環境で親子を支援できることも，子どもや子育てについての意図そのものに触れられるという点において大きなメリットである。

　なお，調査にあたっては調査協力者に対し，確実に説明を行い文書での同意

を得た後，協力者への心身の影響に配慮してインタビューを実施した。また，情報の扱いには十分に注意をはらい，匿名化のもと分析をすすめた[1]。

3.2 「Aルーム」での支援の実際

「Aルーム」では，図表3.5のような子育て教室を定期的な事業のひとつとして実施している。

「回数等」は，母親の生活リズム形成と母親同士のピアな関係構築という2点を目的に検討され試行を繰り返した結果，現行に至っている。母親の生活リズムの形成には週2回という頻度が適しており，同時に，面識のない母親たちが無理なく参加し関係構築できる頻度ということである。また，5回で完了することで母親たちがもっとグループで活動したいというモチベーションが期待できるという。

図表3.5 「Aルーム」における子育て教室

対象	教室名	回数等	定員
0歳児	「すくすく子育て教室」	各回5回（週2回×2.5W），年間5回実施，1回90分	12組
1歳児	「わくわく子育て教室」	各回5回（週2回×2.5W），年間3回実施，1回90分	10組

（資料）『地域子育て支援センター事業（平成23年4月～平成24年3月）』A市立A保育所内地域子育て支援センター「Aルーム」より作成

図表3.6は，この教室で知り合って形成されたグループがサークルに発展していくプロセスを示したもので，著者が分析結果をもとに「時期区分」を設定した。母親の生活リズムが形成され，母親同士がピアな関係を構築し人とつながる力が培われると，この教室で知り合ったグループがサークルとして発展していく。今のところすべてのグループがサークルに発展している。グループの一員になりにくかったりグループでの活動に入りきれなかったりする母親はこれまでに数名いたが，別の機会に子育て教室に参加してグループのメンバーとなり，サークル活動も行っている。

第3章 地域子育て支援拠点事業・人とつながる力を育む支援

図表3.6 子育て教室参加者のグループ形成と発展プロセス

時期区分	発展を促すポイント	発展の様子
第Ⅰ期	母親とのラポール形成	教室への単なる参加
第Ⅱ期	・保育士がつなげる ・個別対応	ピアな関係構築 人とつながることができる力が育成される
第Ⅲ期	主体性の萌芽への寄り添い	グループが自分たちの物になる サークルになる
第Ⅳ期	・場の提供 ・報告の承認	「自分たちが作った感」を得る リーダーが育つ
第Ⅴ期	他機関からの情報を確認	サークルで他の支援センターに行く
第Ⅵ期	・古巣としての場の提供 ・報告の承認	保育所や幼稚園に入園 時々（必要に応じて）サークル活動

（資料）「Aルーム」担当保育士へのインタビュー調査の分析[2]より作成

　サークル活動に発展したグループは、「Aルーム」以外の子育て支援センターへサークル活動の一環として足を運び、「Aルーム」担当保育士は、そのセンターとの情報交換を行っている。やがて保育所や幼稚園への入園を迎えるとサークル活動の回数は減るが、サークル自体は継続していて、連絡を取り合っておしゃべりすることは多く、メールのやり取りも頻繁にあるようだ。
　特徴的なのは、サークルとして発展し「Aルーム」を巣立った母親たちのグループが必ず「Aルーム」に「報告」に来ることである。「Aルーム」が母親たちにとって「実家」や「古巣」であり、「Aルーム」担当保育士は実家の「母」や「祖母」のようであるといった語りが母親たちへのインタビューから得られている。「報告」しに来たくなる関係性が形成されており、「報告」は単なる報告ではなく、報告することで承認を得てより肯定感を高めるといった支援そのものとして機能していると考えられる。

3.3 保健センターとの連携について

　この子育て教室の5回のプログラムのうち1回は保健センターの保健師が外

部講師として招かれ担当している。0歳児「すくすく教室」，1歳児「わくわく教室」ともに第2回目が保健師担当回で，内容は，赤ちゃんの健康（0歳児），健康と安全（1歳児）である。ここのポイントは，内容そのものというよりも保健師と母親との関係構築が目的であり，保健師は「Aルーム」担当保育士より母親とのかかわり方について細かく打ち合わせをする。「Aルーム」には保健センターに対するクレームや保健師からの指導に対する相談の電話が毎月数件あり，保健センターでの乳幼児健診後にはその電話相談の件数が増えるという。保健センターの機能や役割分担上の限界があったとしても母親が子育てに対してネガティブになるような保健指導は不適切なので，「Aルーム」担当保育士が連携という観点から子育て支援センターとして保健師にもアプローチしている現状がある。今後「こんにちは赤ちゃん事業」（第4章で解説）の全戸訪問に保育士が同行する要請が保健師サイドからあがっている。保健師にとっても「Aルーム」担当保育士が培ってきた母親との関係構築スキルは有効であることがわかる。

　一方で，保健センターの乳幼児健診から「Aルーム」につながるケースも多い。子どもの育ちだけでなく母親の状態に対して保健師が気になった場合，「Aルーム」を紹介し確実につながる仕組みができている。保健センターの乳幼児健診において，親や子どもの問題，子育ての問題を，問題そのものとして取り出すのではなく，子育て支援センターでのそれまでの親子の状況をふまえながら保育士などとのかかわりを通して捉えたほうが適切な場合も多い。保健センターと子育て支援センターとでそのことが共有されていることは，親子にあった支援を展開するうえで重要なことである。

　このように，「Aルーム」の担当保育士によるマネージメントにより，保健センターと地域子育て支援センターとが，互いに役割分担して子育て親子を重層的に支援している様子がうかがえる。

4 人とつながる力を育む支援

4.1 人とつながるために必要なもの

　「Aルーム」での支援から，人とつながることの大切さや人とつながることで得られる効果を読み取ることができる。

　まず，Aルームの保育士と母親とのつながりと母親同士のつながりとの関係について考えたい。図表3.6からわかるように，母親同士のピアなグループを形成していくことがねらいであっても，保育士と母親とのラポールを形成することからかかわりが始まっている。ラポール形成とは支援に有効な信頼関係の形成である。このラポール形成は母親同士をつなぐためではなく，母親の状態を把握するためや母親が「Aルーム」に居場所ができるようにするためのものであり，ラポールが形成された母親たちはごく自然に他の母親とかかわるようになる。ただし，母親に何らかの問題がある場合，問題に対する支援の一環として，その母親を意図的に別の母親につなぐという方法をとる。このような方法は母親とのラポール形成が確実でなければ実践できない。何となくグループとしてつながり始めると，主体的にグループであることを認識し始めるわけであるが，保育士は母親たちを放任せず見守っていき，母親たちの主体性を壊さないようにかかわっていく。順調にグループ内で居場所があるように見える母親であっても，保育士に個別に相談したり話をすることがあり，この個別なかかわりもグループ形成には欠かせない。こういったことを見てみると，保育士と母親とのつながりが確実であることと母親同士のつながりが持続することとは深く関係している。母親同士のグループがサークルに発展して「Aルーム」を去って行っても，保育士に「報告」をしにくるというのは，母親にとって保育士とのつながりの心地よさは人とかかわることで得られた肯定感であり，他の母親とつながるために必要な力となっているのであろう。

　次に，母親同士のつながりについて考えたい。母親同士のつながりがグルー

プとして安定するプロセスには，「単なる参加」から「自分たちが作った感」を得るまでのグループに対する認識の変容がある。偶然に同じ子育て教室で出会った母親たちが，自分たちのグループであるという自覚をもつのは，グループのメンバーであるという所属感を得られたからではないだろうか。保育士とのラポール形成によって「Aルーム」での居場所はあっても，グループの一員であるという居場所がなくてはサークルに発展するところまでは期待できないであろう。ここにも母親たち一人ひとりの状態を確認しながら，主体性を見守り，場の提供というかかわり方で支援する保育士の専門性が必要である。

4.2 「地域子育て支援拠点事業」に求められる支援

「Aルーム」では，母親が人とつながる力を育むことができるように，保育士が専門性を十分に発揮して母親とかかわっている。「センター型」以外の子育て支援拠点では，従事者への専門性は求められていない。子育ての知識や経験，支援への意欲だけで，こういった支援を実践することは難しい。子育て支援拠点が単なる「場」の提供ではなく，むしろ「人」とのつながりの拠点であるためには，子育て親子の実態に合った従事者の専門性が必要である。保育士という専門職でなければならないというのではない。専門職でなくても専門性を有していれば有効な支援が可能である。子育ての経験だけでなく，子育て親子への支援や子育て家庭への支援についての基本的な知識や技能，マネージメントスキルなどを修得してから拠点で従事する仕組みも必要であろう。さらに，先に述べたように専門職ではないから関係性が心地よいというケースも当然ある。その場合も，母親の変容や支援プロセスについて専門職からスーパービジョンを受けられる仕組みが必要である。

地域子育て支援拠点が十分な設置数と十分な専門性を有していれば，各拠点の役割も明確になり，連携も確実なものとなる。支援者ひとりで，あるいは単一の施設だけで子育て親子をサポートするのではなく，複数の地域子育て支援拠点がネットワークによって子育て親子を継続的にサポートする支援の方法も必要である。

5 おわりに

　子育て支援はやはり，支援者と利用者とのラポールやかかわりがカギとなる。「Aルーム」の担当保育士の語りから，母親への共感や受容が時に抱えきれないほどに重く感じることがあるということもわかった。親になる前から母親が抱えている深刻な問題が，子育てすることで顕在化し，子どもに向き合えないという母親もいる。深刻な問題を抱えていることが予測されても，明らかに支援が必要な親子であっても，親子は拠点に在籍しているわけでないので，かかわりを継続させられる保証はない。保育園や幼稚園に在園している親子を支援するのとは違い，次回も来てもらえるようなかかわりが求められる拠点での支援は，ラポール形成のひとつをとっても在園親子での方法とは異なり，支援者にとって受容や共感にもより強い自己統制が求められるようなケースも多いだろう。わずか2名の従事者で，多様な親子を支援することは，担当するケースの数の多さへの対応以上に，ケースごとの問題の多様性や固有性に対応する支援についての高い専門性が必要である。

　「Aルーム」には，母子の依存関係をやり直すような支援が必要な母親も来ている。保育士と母親との関係性は親密である必要があり，電話でのやり取りも小まめに行い，他の専門機関へつないでもそこでのかかわりが持続せず，虐待はないがこのままでは虐待が懸念されるという状況の親子が，実際に「Aルーム」でも数ケースある。「Aルーム」のように，実践から有効な支援方法を抽出して実践での経験値を構築できているような拠点でも，支援が困難なケースが年々増えているという。地域子育て支援拠点での支援の実態を知り，従事者数の見直しも含めて，従事者へのスーパービジョンや研修等により，従事者の安定した状態が保たれるようにすることも大切である。

注
　1）本研究実施に際しては東洋大学倫理規定にのっとり必要な手続きを行い，東洋

第1部　国・自治体・地域社会が取り組む子育て支援

　　大学倫理委員会の審査のもと承認を得た。
2)「Aルーム」担当保育士へのインタビュー調査を行い，「複線径路・等至性モデル（Trajectory Equifinality Model）」（サトウ）※により分析した。
　※サトウタツヤ編『TEMではじめる質的研究—時間とプロセスを扱う研究を目指して』誠信書房，2009年

第4章

マイ保育園・マイ幼稚園が担う子育て支援
―切れ目のない支援のために―

小川　晶

1　はじめに

　子育て支援の基本的なねらいは，子どもへの不適切な養育を早期に発見し改善することと同時に，不適切な養育に結び付く要因を根本から改善し，育児不安や育児ストレスを起こすことなくすべての子育て家庭が安心して子育てに向かえる環境を整えることである。少子化や核家族化などにより孤立しがちな子育て家庭に対して，基礎自治体はさまざまな子育て支援事業を展開しながら，地域で安心して子育てできる仕組みを模索し続けている。

　現在，基礎自治体レベルで取り組みが始まっている「マイ保育園事業」もそのひとつで，保育園や幼稚園に在籍する親子だけでなく在籍していない親子に対しても，子育てをスタートさせる前からかかわり，早期的にサポートしていく仕組みである。この事業のポイントは，子育て家庭を保育園や幼稚園で把握すること，保育園や幼稚園で子育て家庭と妊娠期からかかわり，必要に応じて早期的なサポートを提供することである。早期的なかかわりがなぜ有効かというと，子育てへのサポートを妊娠期からスタートしていくことで，育児不安や

育児ストレス，不適切な養育などが大きくなる前に対処でき，それらの要因そのものにも働きかけて，出産後の育児不安や育児ストレス，不適切な養育を予防するのに効果的であるからである。

　本章ではこの保育園や幼稚園を活用した妊娠期からの子育て支援のひとつである「マイ保育園事業」について述べ，妊娠期からのサポートの有効性や，保育園や幼稚園を支援の場としていることの意義などについて考えたい。

　なお，本章では「保育所」を自治体の事業名や一般的な呼称の「保育園」と呼ぶことにする。ただし，児童福祉法や保育所保育指針と関連させて述べる必要がある箇所は「保育所」を用いる。

2 「マイ保育園事業」事業化の背景

2.1　在園親子と在宅親子

乳幼児を育てる子育て家庭が，子どもを在籍させて保育サービスを利用でき

図表 4.1　保育所（保育園）と幼稚園との違い

	保育所（保育園）	幼稚園
根拠法令	・児童福祉法 第 7 条：児童福祉施設「保育所」 第 24 条：保育に欠ける場合 ・保育士（国家資格） 児童福祉法第 18 条の 4	・学校教育法 第 1 条：「学校」 第 22 条：幼児を保育し心身の発達を助長すること ・幼稚園教諭 学校教育法 27 条
所管	厚生労働省	文部科学省
保育	『保育所保育指針』 児童の保育と保護者への保育に関する指導を行う	『幼稚園教育要領』 家庭や地域における幼児期の教育の支援に努める
給食（原則）	義務	任意
対象年齢（原則）	0 歳児（生後 57 日目）から 5 歳児まで	3 歳児から 5 歳児まで

第4章　マイ保育園・マイ幼稚園が担う子育て支援

る機関としては，保育園と幼稚園がある。今日，幼稚園利用者数が年々減少するなか，保育園利用者数は増加傾向にある。保育園と幼稚園の違いは図表4.1の通りであるが，保育所保育を規定する保育所保育指針（厚生労働省　2008）にも，幼稚園幼児教育を規定する幼稚園教育要領（文部科学省　2008）にも，在園児だけでなく在園児以外の地域で暮らすすべての子どもとその親への保育サービスや支援を提供することが謳われている。

とくに保育園に関しては，幼児だけでなく乳児に関する専門性を有すること，長時間保育することでの養護の要素が多く含まれることなどから，幼稚園への入園を予定している乳幼児をもつ家庭や育児休業中の家庭への育児相談や子育て支援，情報やあそび場の提供など，地域に向けた支援を積極的に行うことが保育所保育指針により明確に規定されている。保育園に比べると子育て支援の視点が少ない幼稚園ではあるが，子育て家庭のニーズに対応して保育時間の延長や2歳児保育などを実施しており，保育園との所管の違いはあるものの，子どもと親の暮らしを子育て支援の視点からサポートするという共通の役割を見出して実践している実態がある。

図表4.2からもわかるように，幼稚園の入園年齢に満たない3歳未満児で

図表4.2　年齢区分別の保育所利用児童の割合と就学前児童数

	2011年4月	
	保育所利用児童数（割合）注	就学前児童数
3歳未満児（0〜2歳児）	773,311人（24.0%）	3,228,102人
うち0歳児	105,366人（9.8%）	1,072,353人
うち1・2歳児	667,945人（31.0%）	2,155,749人
3歳以上児	1,349,640人（42.4%）	3,185,992人
全年齢合計	2,122,951人（33.1%）	6,414,094人

（注）保育所利用児童の割合
　　：当該年齢の保育所利用児童数÷当該年齢の就学前児童数
（資料）厚生労働省「保育所関連状況とりまとめ」2012年より作成

第1部　国・自治体・地域社会が取り組む子育て支援

は，保育園に在籍している子どもは，全体の25％程度に過ぎない。3歳未満児の75％の子どもが保育園に在籍しておらず，とくに月齢が低い子どもほど主に家庭で生活していると考えられる。なかでも0歳児については，90％弱の子どもが在宅で子育てされている（図表4.3）。

図表 4.3　0歳児子育て家庭の保育所在園親子と在宅親子

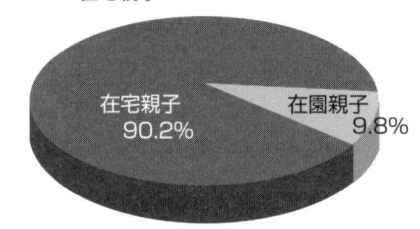

在宅親子 90.2%　在園親子 9.8%

（資料）厚生労働省「保育所関連状況とりまとめ」2012年より作成

このように，保育園や幼稚園などに在籍せずに基本的には親が家庭で子育てしている状況にある親子を，在宅親子，反対に子どもが保育園や幼稚園に在籍しながら子育てしている状況にある親子を在園親子と呼ぶこととする。一般的に狭義の「地域子育て支援」が対象とするのは在宅親子である。しかし，保育園や幼稚園への入園が可能な年齢になるまでは，すべての子育て家庭が在宅親子であることや，保育園や幼稚園に在籍しながら子育てしている家庭であっても地域で生活しており，保育園や幼稚園も地域の社会資源であることから，「地域子育て支援」は広義にはすべての子育て家庭を対象としていることになる。

在園親子だけでなく入園前の在宅親子へのサポートの必要性が指摘されて久しいが，その背景には，待機児が解消せず在園親子という子育て家庭の一部しか保育の対象となっていないことや保育園や幼稚園に在籍していない子育て家庭の孤立，在籍している子育て家庭であっても重篤な育児不安や育児ストレスを抱えており入園後からのかかわりでは支援しきれないケースの増加などがあげられる。

2.2　保育所で規定されている子育て支援

基礎自治体が設置する施設のうち，子育て家庭が子どもへの保育や保護者支援を受けられる児童福祉法に基づく施設は保育所だけである。少子化にあって

第4章　マイ保育園・マイ幼稚園が担う子育て支援

児童虐待件数の増加という課題を抱える基礎自治体にとって，地域のすべての子育て家庭への有効な支援が可能な専門機関として保育所が果たすべき役割は大きい。ここで，保育所保育指針で規定されている保育所が実施すべき地域子育て支援について述べたい。

2001年の児童福祉法改正によって，保育士資格が児童福祉施設の任用資格から名称独占資格に改められた。それまで保育所の保育士が行う「保育」とは，保育所に在所している子どもに対するケアワークとその親への支援が中心であったが，この改正により，在所していない地域で暮らす子どもと保護者に対しても保育に関する支援を行うことが保育所保育士の業務として位置付けられた（児童福祉法第18条の4）。また，保育所保育指針（厚生労働省　2008）は平成20（2008）年の改定によりその第6章で，保護者に対する支援として，地域の子育て支援に関する資源を積極的に活用すること，そして，子育て支援に関する地域の関係機関，団体等との連携及び協力をはかることとし，在所家庭への親子支援の重要性に加え，地域の子育て家庭への子育て支援の必要性が規定されることになった。

図表 4.4　保育所が行う地域子育て支援の例

保育所が行う地域子育て支援	目的・支援内容
一時保育	必要な時に申請により一時的に保育する。
緊急一時保育	緊急時に申請により一定期間保育する。
子育て相談	電話相談も可。常時受け付け。
園庭開放	開放日に自由に園庭に来て親子で遊ぶ。場の提供と園児との交流。
地域交流事業	保育所の行事に親子で参加する。園児との交流や地域住民との交流。
ひろば事業	保育所内に併設できる。多様な講習会や個別相談，親子の居場所の提供など。専属の保育士が配置されている。

1965年に保育所における保育のガイドラインとして制定された保育所保育指針は，数回の改定を経た後，2008年改定ではそれまでの局長通知から，厚生労働大臣による告示となった。このことは，保育所保育指針解説書の「はじめに」（厚生労働省雇用均等・児童家庭局保育課）において，「保育所の役割と機能が広く社会的に重要なものとして認められ，それ故の責任が大きくなった証し」[1]とされ，地域への子育て支援に対する保育士の専門性への期待と責任とが大きくなっていることのあらわれともいえる。

保育所が行う地域子育て支援の例としては，図表4.4のような種類がある。

地域子育て支援に対する保育士の専門性への期待と責任が大きくなっているとはいえ，規定されるこれらの地域子育て支援のほとんどは，自ら相談援助を求めることができる健康度が高い親子が対象となっている。

2.3　早期発見と予防的支援

保育所での子育て支援が自ら支援を求められる健康度の高い親子を対象としている現状の一方で，本当に支援が必要な親子はこれらの支援をほとんど利用しない。自分が他者からの支援が必要な状態であることを認識することや，支援が必要であると判断して支援を求めることは，そのこと自体にエネルギーや能力が必要である。親子の状態が深刻であればあるほど，自らの力では支援を求めることは難しく，支援を提供する公的な機関や公的な場そのものを嫌悪する場合もあるため，支援に結びつかないまま要支援親子の状態はなお重篤化していくのである。

虐待死に占める0歳児の割合は42.6％と他の月齢よりも高く，うち35％は生後1か月に満たないうちに死亡している。また，生後0日0か月の死亡事例の多くは19歳以下の実母による虐待である[2]。保育所に入所できる0歳児は，最も早くて産休明けの生後57日めからなので，たとえ保育所入所により問題が早期発見できる家庭であっても，0歳児の虐待死に対して，待っているだけでは虐待予防ができない状況なのである。

健康度が低い状態に陥りやすく，要支援状態にもかかわらず支援が難しいと

考えられる親子として森田明美は，障害，若年出産，転入，外国人登録，貧困，虐待をあげている[3]。こういった状態の親子を早期に発見してかかわりをもち，育児不安や育児ストレスの要因を改善し，また育児不安や育児ストレスが小さいうちに支援することで不適切な養育や虐待を未然に防ぐ予防的な支援と，その支援を安定的に提供できる仕組みが，基礎自治体には必要である。支援を求められない，支援を求めない要支援親子とどうかかわりをもち，どう支援すべきか。先述した通り，保育所は基礎自治体が有する親子にとって身近な施設であるため，保育所を活用した早期発見と予防的支援が展開され始めている。

3 「マイ保育園事業」が担う子育て支援

3.1 「マイ保育園事業」の概要

先述したように保育園に在籍する親子だけでなく，保育園に在籍しない在宅親子とどうかかわりをもつか，また，妊娠期から継続的にどう子育て支援をしていくかが，各自治体の課題となっている。たとえば，地域に「かかりつけ医」をもっていると安心して生活できるように，地域の保育園をかかりつけの子育て相談・子育て支援機関として利用する仕組みを作っている自治体が増えている。そのあらわれのひとつが「マイ保育園事業」である。「かかりつけ医」からのサポートを日常的に受け，いつでも相談に行けるという関係性は，そのこと自体が安心感をもたらす。「マイ保育園事業」では，子育てに関する専門機関である保育園がその役割を果たすことになる。

またこの事業では妊娠が判明した段階で利用の登録ができるため，妊娠期からのサポートが可能であり，妊娠期・出産・産後の子育て期を継続的にサポートすることが可能となる。子育てする前からの早期的なかかわりと子育て家庭が経験する妊娠や出産，子育ての開始といったライフステージに継続的にかかわることで，育児不安や育児ストレス，不適切な養育が生じないように予防的に支援することができる。

第1部　国・自治体・地域社会が取り組む子育て支援

　利用を開始するには，登録手続きが必要であるが，母子健康手帳交付時に「マイ保育園」登録用紙を配布する自治体が多い。登録用紙に必要事項を記入して地域の保育園や役所に提出すれば登録が完了する。登録用紙には「マイ保育園」を記入することになっているが，妊娠が判明してから実際に見学や相談に行き，自分にあった保育園を選んで「マイ保育園」を決定すれば良い。基礎

図表4.5　自治体における「マイ保育園事業」の一例

自治体 キャッチコピー等	対象	支援内容
石川県白山市 「マイ保育園・マイ幼稚園」事業 「子育て支援コーディネータ」を配置	・未就園の子どもを家庭で保育している保護者 ・母子健康手帳を交付された保護者	登録園で育児相談および育児見学の実施 ・育児体験・育児教室・保育園行事の参加など ・育児相談 ・一時保育（半日利用）が3回無料（要事前予約）
東京都江東区 「かかりつけ保育園として登録しませんか？」 マイほいくえんパスポート（成長記録）交付	・江東区在住で未就学児を在宅で子育てしている保護者	・保育園行事への招待 ・保育園より年4回，子育てに役立つ情報（保健だより，給食だよりなど）を送付 ・子育て相談 ・看護師，栄養士による保健相談や栄養相談 ・身長や体重の測定 ・保育園の見学や参観 ・年度末に保育園手製の親子写真入カードをプレゼント
大阪府堺市 「子育てに迷ったり，悩んだり，困ったら，遠慮なく「マイ保育園」に来てください。」	・堺市に居住する母子健康手帳の交付を受けた妊娠中の保護者 ・堺市に居住する就学前までの児童を養育する保護者	・育児相談：身近な保育所で保育士等が相談に応じる ・情報提供：乳幼児や子育てに関する情報提供 ・園庭開放：保育所施設を活用した子ども同士の遊びや交流 ・ほっと預かり：育児から離れてホッとひと息つきたいときなどに，子ども1人1回に限り，午前半日無料の一時預かり事業を利用 ※母子健康手帳の持参および保育所への事前予約が必要。3歳児まで。

（資料）自治体HPより作成

第4章 マイ保育園・マイ幼稚園が担う子育て支援

自治体によっては幼稚園も選択でき,「マイ保育園・マイ幼稚園事業」としているところもある。図表4.5に示すのは,各自治体において展開されている「マイ保育園事業」の一例である。これらの自治体の他に,まだ数としては多いとはいえないが,全国で20以上の自治体が「マイ保育園事業」を実施している。保育園や幼稚園での日常的な保育や子育て支援機能を十分に活用した支援が展開されているのがわかる。

3.2 「マイ保育園」の支援の有効性

では,「マイ保育園」での支援は,利用者である親にとって具体的にはどのような利点があるのだろうか。「マイ保育園」での支援の有効性を,利用者の視点を踏まえてみていきたい。

「マイ保育園」が提供す支援内容と目的を整理すると図表4.6のようになると考えられる。利用者である親にとっては,妊娠期から子どもや子育てを身近に感じることができるし,仕事に復帰するタイミングや働きながら子育てすることなどについて現実的なプランをたてやすくなる。また,育児不安が生じてから相談機関とラポール形成する多くの支援とは異なり,子育てを開始する前からかかわっている保育園や保育士,幼稚園や幼稚園教諭とはすでにラポール形成できており,悩み事や不安を相談しやすいことが推測できる。保健指導や栄養指導は,一般的には保健センター等で受けることができる。しかし,より身近にあり,常に子どもたちが生活している保育園や幼稚園は,保健センターよりも利用しやすい施設であるといえ,このハードルの低さを活かして子育て家庭と日常的にかかわりながら,より専門的な保健指導や栄養指導が実施できることに意味があると考える。

図表4.6にある支援の客体には,もちろん子どもも含まれる。子どもを中心にすえたうえで,子どもの安定した生活の保障や望ましい成長発達のために支援すべき対象として,子育て家族,親と記した。

図表 4.6 「マイ保育園」での支援の有効性

支援内容	効果	
	客体（子育て家族，親）	主体（支援者）
登録	所属感，見守られている安心感	・子育て家庭の把握 ・家庭の状況の把握 ・継続的にかかわる機会を得る
育児相談	・総合的な育児不安の解消 ・家族的問題の改善	・家族的問題や家庭の課題の把握 ・出産前の親自身の課題への支援 ・他機関との連携の検討
保健相談・栄養相談	発達についての具体的な不安の解消	ハードルの低さを活かした保健的指導の実施
保育園施設見学	保育園や幼稚園を身近に感じる	保育園や幼稚園のアピール，認知度を上げる
保育参観	子どもの暮らし，保育士のかかわり方を知る	子どもたちのかわいらしさ，育てる楽しさを伝える
保育参加	子どもとかかわる経験をする 子育てする自分を描く	・子どもとのかかわりから親の状況を観察 ・子どもとかかわる充実感を伝える ・子育ての難しさを知らせサポートする
情報提供	適切な子育て情報を得る	子どもにとって最善な情報を選択する力を培う
一次預かり	リフレッシュ，育児ストレスの軽減	・子どもの発達，子育ての状況の把握 ・家庭の状況の把握
成長記録の交付	成長を感じ喜びを共有する 子育てへの肯定感をもつ	母親を認め成長を喜ぶことで子育てへの肯定感を高める

（資料）各自治体HPより考察，作成

3.3 「マイ保育園事業」と「こんにちは赤ちゃん事業」との連携

「マイ保育園」事業は自治体が実施主体である他の事業と連携することで，地域におけるすべての子育て家庭の状況を把握し継続的に支援することが可能

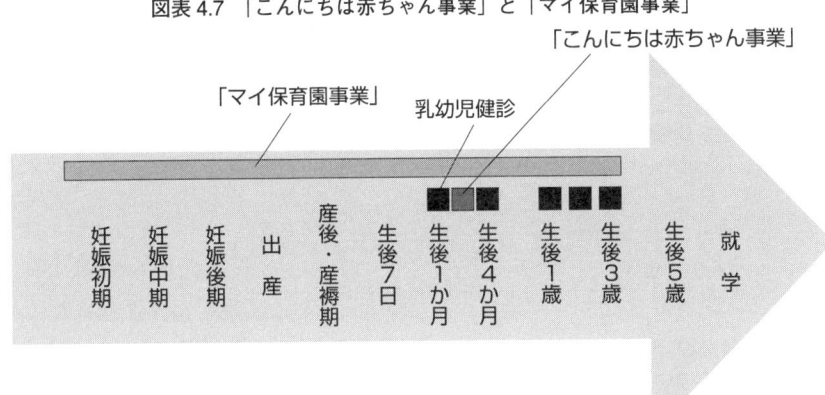

第4章　マイ保育園・マイ幼稚園が担う子育て支援

図表4.7　「こんにちは赤ちゃん事業」と「マイ保育園事業」

「マイ保育園事業」／乳幼児健診／「こんにちは赤ちゃん事業」

妊娠初期　妊娠中期　妊娠後期　出産　産後・産褥期　生後7日　生後1か月　生後4か月　生後1歳　生後3歳　生後5歳　就学

となる。厚生労働省が定める自治体実施主体の母子保健指導事業として乳児家庭全戸訪問事業（児童福祉施行規則第1条の5）（以下「こんにちは赤ちゃん事業」という）がある。

　「こんにちは赤ちゃん事業」が母子保健指導型の支援であるのに対し，「マイ保育園事業」は寄り添い型[3]の子育て支援である。また，図表4.7からもわかるように，「マイ保育園事業」は子育て家庭を長期的に支援する事業であり，いくつものライフステージにおいて寄り添うことが目的であり，「こんにちは赤ちゃん事業」や乳幼児健診は親子の状態や子育ての状況を段階的にチェックし把握することが目的である。これらの事業を連携させることで，互いの事業での支援がより有効に機能することはいうまでもない。こういった連携はすでに多くの自治体が実施しており，「マイ保育園」で担当している保育士が「こんにちは赤ちゃん事業」家庭訪問に同伴するケースもある。「マイ保育園事業」が「こんにちは赤ちゃん事業」と連携することで，家庭訪問で家庭の状況を把握でき，出向いての支援が可能であるし，また，産後の最も不安定になりやすい母親の状態を妊娠期からの状態を踏まえて確認でき，必要に応じてより専門的な支援を検討して開始する機会となる。同様に，「マイ保育園」での支援過

第1部　国・自治体・地域社会が取り組む子育て支援

程や親子の状況を「こんにちは赤ちゃん事業」で家庭訪問する訪問者が把握していれば，家庭訪問は対象者により適した支援となる。

4 「マイ保育園事業」の展望と課題

4.1 「マイ保育園」による切れ目のない支援

　これまで述べてきたように「マイ保育園事業」は，基礎自治体が作った「保育園」の利点を十分に活用する子育て支援の仕組みである。子育て家庭にとって保育園というハードルの低さが，気軽な登録や，相談や見学などに気軽に足を運ぶことにつながっている。また，保育園や幼稚園が子どもが日常的に生活している場であるので，常に子どもを身近に感じ，かかわりを通して子育てを経験したり不安を解消したりすることが可能である。さらに，保育の専門家が複数常勤していることで，子どもとのかかわりのモデルがあり，寄り添い型の支援を継続的に受けることができる。

　それらに加えて，親のライフステージや子どもの成長ステージで支援の主体が変わらないというのもこの仕組みの特徴である。妊娠の判明は産科医による妊娠確定診断であり，この診断後は婦人科や産婦人科において，助産師や看護師，婦人科医などによる医療的支援や保健的支援が主となる。出産後子どもが生後1か月を経過すると，子どもの医療的支援は小児科で行われる。同時に「こんにちは赤ちゃん事業」や乳幼児健診などで，保健師や医師による保健的支援が開始される。この間に，母親や子育て家庭はライフステージをいくつか踏み，家族員一人ひとりもライフステージを経て大きく変容している。子どもを産み育てるという側面においては当然大きな変容があるわけだが，母親自身のライフステージにおいても大きく変容しているのである。子どもの成長と母体としての変化だけに焦点を合わせてサポートの主体が入れ替わっていく支援では，大きく変容する母親や子育て家庭を支えきれない。社会で孤立しがちな子育て家庭を，ライフステージごとで途切れることなく支援すること，支援の

第4章 マイ保育園・マイ幼稚園が担う子育て支援

主体がより適切な支援機関と連携して切れ目なくネットワークのなかで支援していくことで，育児不安や育児ストレス，不適切な養育を予防できると考える。子育て家庭に最も身近な「マイ保育園」「マイ幼稚園」がネットワーク支援を主導することで，切れ目のない支援が可能となると考える。

4.2 「マイ保育園」「マイ幼稚園」の課題

　子育て家庭のライフステージに継続的にかかわって支援することが可能な「マイ保育園事業」であるが，「マイ保育園」の利用は登録することが原則なので，登録した子育て家庭が支援の対象となる。したがって，支援が必要であるにもかかわらず「マイ保育園」「マイ幼稚園」の登録をしない子育て家庭や，母子健康手帳の交付を受けない子育て家庭に対しては，支援できないということになる。登録できるほど健康度が高くない親や支援機関や公的な場を嫌う親でも「マイ保育園」「マイ幼稚園」に来られるような支援や支援の仕組みを検討する必要があるのではないか。

　0歳児の虐待死については先述した通りであるが，虐待死のケースのなかには母子健康手帳の交付を受けていない親による虐待もある。妊娠を誰にも明かさずに出産するといったケースの場合，その支援は非常に困難である。妊娠を申請することもせず，妊婦健診を受けることもなく，周囲も妊娠に気づくことなく出産するといった要支援ケースを「マイ保育園」だけで支援できるとは思わないが，予防できる段階でかかわることは可能かもしれない。このようなケースの親は家族的問題を抱えていることも多いため，妊娠する以前からの支援が必要となる。乳幼児期だけでなく若者期も保育園でかかわりを持続できるような仕組みや，若者期のかかわりが可能な支援機関と連携する仕組みを検討したい。

　また，「マイ保育園」「マイ幼稚園」が子育て家庭にとって「かかりつけ」であるために，保育士や幼稚園教諭などの保育者は在園親子への支援方法に加え在宅親子への支援方法や関係構築の方法などについてのスキルアップや，他機関との連携やネットワークを構築するためのスキルアップが必要である。保育

園や幼稚園のハードルの低さを保ちながら，親子と継続的にかかわり予防的な支援を実践する高い専門性を有することができれば，支援の対象となる子育て家庭を広げることができる。

5 おわりに

「マイ保育園事業」は，すべての子育て家庭が切れ目なく支えられ，地域で安心して子育てできる環境作りに基礎自治体が取り組んだことにひとつの価値がある。実際の事業内容を比較してみると，基礎自治体により事業の内容はさまざまである。

保育園で実施しているこれまでの地域子育て支援事業に近い内容で「マイ保育園事業」を展開している基礎自治体もあるなかで，子育て家庭と妊娠期からかかわり，支援の必要があるならば早期に開始するという点において，「マイ保育園」や「マイ幼稚園」に子育てコーディネーターを配置する白山市の取り組みは興味深い。やがて保育園や幼稚園に在園する親子という認識ではなく，「マイ保育園」や「マイ幼稚園」が地域の子育て支援ネットワークの中心として，子育て親子に対してサービスや支援をコーディネートするという視点は，まさに「かかりつけ」の保育園・幼稚園である。「マイ保育園」や「マイ幼稚園」での有効な支援を可能にするのは，その園が有する専門性であり，専門性のある支援者である。登録をした親子が親子の状態に合った適切な支援を受けるためには，登録後の支援者によるかかわりが重要である。

子育て家庭を地域で孤立させることなく，いくつものライフステージで寄り添い支えていくこの仕組みが，地域に暮らすすべての子育て家庭を対象とできるように，また，地域の資源である保育園や幼稚園がより有効な支援を継続できるように，これまでの支援の評価や支援方法の構築が必要である。

子育て家庭が安心して楽しく子育てしていれば，子どもを産み育てる価値は次の世代にも伝わるであろう。すべての子どもが十分に愛されて育てられるために，すべての親を対象とした支援の充実を図っていきたい。

第4章　マイ保育園・マイ幼稚園が担う子育て支援

注
1) 厚生労働省『保育所保育指針解説書』フレーベル館，2008年
2) 森田明美「母子家庭の地域生活移行を支える母子生活支援施設支援を考える―母子家庭地域調査を手がかりにして」東京都社会福祉協議会『母子福祉部会紀要』No.3，2010年
3) 森田明美「第8章　子ども・家庭分野の現状を踏まえた新たな取り組み―八千代市母子自立支援プログラムを中心に」『地域におけるつながり・見守りのかたち』中央法規，2011年

第5章

福井・富山両県における子ども・子育て支援計画について
―とくに仕事と子育ての両立支援を中心に―

宮下裕一

1 はじめに—なぜ福井・富山両県に注目したのか

2011年に『日本で一番幸せな県民』[1]という本が出版されている。これは「地域住民の『幸福度』という観点から，47都道府県の『幸福度の現実』を指標化・ランキング化したもの」である。この本の調査の目的は，「ランキングや評点を通じ，客観的事実に基づく問題の所在の理解認識と，それに基づく地域住民の『幸福度づくり対策』，つまり地域住民が幸せとなる地域づくりを講じ」ることにある。そして，この調査では，「地域の幸福度を客観的に示していると思われる指標」を，多くの社会経済統計を活用するなかで抽出し，そのなかからとくに「地域住民の幸福度」に注目して，40の指標を選択し，それらを分析・評価したものである。幸福度を測るために，「生活・家族部門」「労働・企業部門」「安全・安心部門」「医療・健康部門」の4つに分け，ランク付けしている。

この「総合ランキング」の第1位が福井県，第2位が富山県，第3位が石川県である。これら上位3県はいずれも中部地方の日本海に面する北陸3県であ

第5章　福井・富山両県における子ども・子育て支援計画について

る。北陸地方は，以前より共働きや三世代同居の多さで知られていた。今回，この調査結果を参考に，改めて総合ランキングが第1，2位であった福井，富山両県に注目し，その仕事と子育ての両立をめぐる状況について検討していくことにする。

2 福井・富山両県における仕事と子育て支援策について

2.1 福井県における仕事と子育ての両立支援策について―「第二次福井県元気な子ども・子育て応援計画」を中心に―

福井県では，次世代育成支援対策推進法に基づく「福井県元気な子ども・子育て応援計画（第一次計画）」に続いて，「第二次福井県元気な子ども・子育て応援計画」が策定されている。この計画は2010（平成22）年度から2014（平成26）年度までの5年間を計画期間とし，施策を実施することになっている。

福井県における合計特殊出生率は，2011（平成23）年の時点で，1.59（全国第9位）である。2005（平成17）年の1.50以降，連続して1.50以上で，全国上位を維持している。ただ，第二次計画では，少子化を「子どもの数だけの問題ではなく，子どもの育ちの質の問題ともとらえ，総合的な対策を講ずる必要」性を認識している[2]。

「仕事と子育ての両立」については，福井県は共働き世帯数の割合（58.2％），女性の就業率（51.6％）が全国一位となっており，また，18歳未満の子どもがいる夫婦の共働き率は70.1％と全国平均の52.3％と比較しても大幅に上回っている状況にある[3]。

ただ，子育てに関する母親の負担が大きい現状を踏まえ，「子育ては，夫婦が共同して行うことが大切」とし，主体的に子育てをする父親が増加するための施策の必要性を打ち出している[4]。

この第二次計画の基本方針は，「地域のすべての人が『子どもは地域の宝』と考え，行政だけでなく，企業や民間団体，学校，住民など地域社会を構成す

第1部　国・自治体・地域社会が取り組む子育て支援

るすべてのものが役割を担い，地域全体で子どもを生み育てやすい社会環境を実現するとともに，元気で力強い子どもの育ちを応援すること」としている。そしてこの基本方針に基づき，以下の4つの重点プロジェクトを掲げている。

・「福福出会い応援」プロジェクト
・「子育てしやすい働き方応援」プロジェクト
・「子育て大好きお父さん応援」プロジェクト
・「元気で力強い子どもの育ち応援」プロジェクト

　福井県の計画の特徴は，これら4つの重点プロジェクトの展開と合わせつつ，結婚，妊娠・出産，乳幼児期（就学前），就学期（小学校），就学期（中学校・高等学校）のライフステージごとに行う施策と，「地域社会の構成員」である「家庭」，「住民，子育て支援機関など」，「学校」，「企業」，「行政」が担う役割，つまり「家庭が主体的に行うこと」，「住民，子育て支援機関などが主体的に行うこと」，「学校が主体的に行うこと」，「企業が主体的に行うこと」，「行政が主体的に行うこと」のそれぞれについて，施策内容を整理，組み立てているところにある。
　仕事と子育ての両立支援に関しては，とくに2つめの「子育てしやすい働き方応援」プロジェクトがある。そのポイントとしては，福井県は共働き率や女性の就業率が全国一高いため，「子育て中の従業員にとって仕事と子育ての両立が可能となる柔軟な働き方を選択できることが重要」であるとし，「経営者の理解のもと，従業員が短時間勤務や育児休業等が利用しやすい職場環境」の整備をあげている。
　そして，そのプロジェクトで行う施策として，たとえば，企業に育児サポート企業アドバイザーを派遣する相談助言，経営者と従業員が仕事と子育ての「両立支援宣言」を行う企業の実践活動を応援，男性従業員の子育てを応援する企業の表彰などが含まれている。

第5章　福井・富山両県における子ども・子育て支援計画について

2.2 富山県における仕事と子育ての両立支援策について―「みんなで育てる　とやまっ子　みらいプラン～子どもの笑顔輝く未来へ～」を中心に―

富山県における「仕事と子育ての状況」についてであるが，この計画のなかで，①高い女性の就業率，②子育て家庭の男性の長時間労働，③育児休業の取得状況の3点を指摘している。

女性の就業率については，「女性の15歳以上人口に占める年齢階級別就業率」がデータとして示されている。富山県の就業率は，2005（平成17）年で50.8％，全国順位5位と高い数値を示している。そこではほぼすべての年齢階級において富山県は全国よりも上回っており，とくに「35－39」歳では74.6％で，全国よりも14.4％上回っている。一方で30～40代前半の男性雇用者の約2割が，1週間に60時間以上勤務しているという状況がある。さらに，男性の育児休業の取得率については，0.4％と全国平均の1.2％をかなり下回っている状況がある[5]。

富山県では，「安心して子どもを生み育てることができ，次代を担う子どもが心身ともに健やかに成長できる環境を整備するため」に，2009（平成21）年6月に「子育て支援・少子化対策条例」を制定している。そしてその条例に基づき，今後5年間の子育て支援・少子化対策を総合的・計画的に推進するための基本計画として，「みんなで育てる　とやまっ子　みらいプラン　～子どもの笑顔輝く未来へ～」を策定している。この計画は，「次世代育成支援対策推進法に基づく県の後期行動計画としての性格も併せ持つ法定計画」とされており，2010（平成22）年度から2014（平成26）年度の計画となっている。

この「計画の目標と基本方針等」についてであるが，めざす社会の姿として，「子どもの笑顔と元気な声があふれる　活気ある地域社会」となっている。基本理念として，以下の4つが掲げられている。

(1) すべての子ども及び子どもを生み，育てる者が支援を受けることができるようにすること

第1部　国・自治体・地域社会が取り組む子育て支援

(2) 保護者が子育ての第一義的責任を有するという認識の下に，家庭，学校，職場，地域社会等において，県民，事業者，市町村，県等が相互に連携，協力して取り組むこと
(3) 結婚，出産及び子育てに関する個人の価値観が十分に尊重されるよう配慮すること
(4) 子どもの権利・利益が最大限に尊重され，子どもの成長に応じてその意見が適切に反映されること

　そしてこの基本理念を受ける形で，3つの基本目標が置かれている。1つめが「安心して子どもを生み育てられる環境をつくる」，2つめが「仕事と家庭生活との両立が実現できる環境をつくる」，3つめが「すべての子どもが心身ともに健やかに成長し，次代の社会を担う者として自立できる環境をつくる」である。仕事と子育ての両立に関しては，この2つめの基本目標を受ける形で，基本方針Ⅱとして「仕事と子育ての両立支援」が置かれている。
　基本方針Ⅱでは，仕事と家庭生活の両立を可能とする職場環境の整備が，結局は企業にとっても有能な人材の確保，定着につながり，また業務の見直し等により生産力の向上が期待できるなど，将来への投資ととらえている。このようなワーク・ライフ・バランスの積極的な推進および取り組みを行う企業に対する顕彰等を通して，ワーク・ライフ・バランスの自主的取り組みの支援を打ち出している。
　基本方針Ⅱを受ける形で，基本的施策の3番めに「子育てと両立できる職場環境の整備」がある。これはさらに，施策の基本方向として，① 両立支援制度などの定着促進，② 両立支援に取り組む企業への支援，の2点があげられている。そして②の具体的施策のひとつに「両立支援に取り組む企業の表彰と周知・普及」があり，両立支援に取り組む企業の顕彰と表彰企業の取り組み事例の周知，とある。この表彰企業の事例について，次節で改めて取り上げていくことにする。

第 5 章　福井・富山両県における子ども・子育て支援計画について

3　福井・富山県における，特色のある仕事と子育ての両立支援企業について

　本節では，仕事と子育ての両立支援企業の事例を，インタビュー調査の内容も含めて取り上げる。全部で5か所の企業（施設）を対象としており，そのうちの4か所では管理的な地位にある方から，残りの1か所は従業員の方から話を伺っている[6]。

3.1　福井県「子育てモデル企業」認定団体の事例から

　「福井県の子ども・子育て支援（平成24年度最新版）」では，福井県の独自事業を中心に，平成24（2012）年度に進める主な子ども・子育て支援策が紹介されている。そのなかに，「両立支援制度の充実」があり，「子育てしやすい働き方を応援」するために，「企業子宝率」の高い「子育てモデル企業」の選定と普及，がある[7]。「企業子宝率」とは，「従業員（男女問わず）が当該企業在職中にもつことが見込まれる子どもの数」であるとされ，「企業の合計特殊子宝率」の愛称である。内閣府男女共同参画会議専門委員である渥美由喜氏の監修の下，福井県は全国で初めて「企業の合計特殊子宝率」を調査した。

　その結果，2011（平成23）年度には297社の応募中上位7社を「子育てモデル企業」として福井県が認定している。

　上位7社の業種は，建築業2社，社会福祉施設2社，建築物塗装，医療施設，造園業のそれぞれ1社である。

　ここでは，上位7社のなかから，「社会福祉法人　松文保育園」と「株式会社　しばなか」の2か所を訪問し，インタビュー調査を行った結果も含めて紹介していくことにする。

① 社会福祉法人松文保育園

この園は勝山市にあり,昭和44(1969)年設立で定員は90名である。

「企業子宝率調査結果一覧（上位7社）」によると,この園の企業子宝率は2.31で,従業員数は20名,その概要として,①急な休暇の場合,担任をもたない保育士を充てることで現場対応している,②勤務時間外の会議や研修は子どもの状態を見て参加をお願いしている,③子育て中の遠方（福井市内）から通勤する保育士のローテーションを配慮している,の3点であった。

園長の山本ひとみ氏にお話を伺った。

園の職員は結婚・出産を経ても辞めずに働きながら子育てをする人がほとんどであり,保育園という性格上なかなか休みを取りにくい状況もあるが,有給の消化にあたっては,年度初めに計画を立て,調整を行っているという。

前園長の在任中に,就業規則を見直し,育児休業を1年間しっかり取ったのちに職場復帰ができるような仕組みを整えたことにより,職員の継続勤務期間が延び,育児休業中に自分の子どもともしっかり向き合えることにより,仕事への取組みの気持ちがより高まっているという。

園の運営上,園長として心がけていることを尋ねたところ,園全体での意見の調整と合意を大切にしていた。たとえば,新しいことを始める際には園全体で話し合う,自分のクラスの子どものことだけを考えるのではなく,全職員が全園児をみるなどである。このことにより,担当でないクラスの子どものことがわかり,父母とも話ができ,悩みが生じた場合は皆で話し合うという関係ができてきた,ということであった。

この園の経営理念は,「子どもたちはもちろん,その保護者にとっても「信頼・安心・満足」できる園そして,そこに働く職員にとっても」である。この

第5章　福井・富山両県における子ども・子育て支援計画について

園の運営実態そのものであるように思えた。

②　株式会社しばなか

この企業は，福井市にあるガーデニング，エクステリアを専門とする会社である[8]。

「企業子宝率調査結果一覧（上位7社）」によると，この会社の企業子宝率は2.03で，業種は造園業，従業員数は17名（現在は25名）[9]である。その概要として，①従業員が自宅を新築した場合，お祝い金を贈呈している，②家族同伴で社員旅行を行う，など普段から経営者と従業員の間で意思疎通が図られている，とある。

従業員の内山明子氏にお話を伺った。

氏はもともとガーデニングの設計をしたいという思いをもっていた。だが，まず経験を積むために「下積み」として現場で勤務していた。その後現在の庭造りシステムの部署に異動したという。現在は子育ての最中で，子どもは幼稚園に在園中である。両親の家の近くに住んでおり，いわゆる「近居」[10]の形態をとることで，仕事と子育ての調整をしている。また勤務時間については，短時間勤務や一部在宅勤務への振り替えなど，社長の配慮により，正規従業員として勤務を続けることができている。

氏の今の仕事をめぐる思いは，続けていて達成感を感じているという。お客の希望をめぐってのやり取りを通して，全員が契約につながるわけではないが，結果として契約成立へとつながることに充実感を感じ，そしてその充実感がいい意味で子どもとしっかり向き合えることにもなっているという話であった。

第 1 部　国・自治体・地域社会が取り組む子育て支援

3.2　富山県「元気とやま！　仕事と子育て両立支援企業表彰」受賞団体の事例から

ここでは，富山県での仕事と子育ての両立についての取り組みを紹介する。富山県では仕事と子育てが両立できる職場環境づくりに取り組み，成果をあげている県内企業に対して，「元気とやま！　仕事と子育て両立支援企業表彰」を行っている。

この表彰は 2005（平成 17）年度から行われている。そのなかで，2007（平成 19）年度表彰のオーアイ工業株式会社と社会福祉法人毅行福祉会　中加積保育園，2009（平成 21）年度表彰の株式会社オレンジマートの計 3 企業（施設）を取り上げる。

①オーアイ工業株式会社

この企業は魚津市にあり，ストッキング・タイツなどのレッグウェア生産を行っている。1887（明治 20）年の創業で，その歴史は足袋の製造・販売から始まっている[11]。

「平成 19 年度　元気とやま！仕事と子育て両立支援企業表彰」によると，業種は製造業（衣服・その他繊維製品製造業）で，従業員は約 250 名となっている。その特徴として，「子を持つ正社員だけではなく，孫を持つ社員，パートなど誰でも利用できる事業所内保育施設の運営のほか，短時間勤務制度の利用促進，改善提案の募集など，働きやすい職場づくりに取り組んでいる」とある。また次の 3 点も合わせてあげられている。
・誰でも利用することができる事業所内保育施設の運営
・育児等にも利用できる社内貸付制度
・業務に限らずさまざまなことを提案できる「改善提案箱（目安箱）」の設置

第5章　福井・富山両県における子ども・子育て支援計画について

など

　総務部長の黒部栄二氏と総務課課長代理の中村啓一氏にお話を伺った。
　従業員の7割が女性で，製造している商品の性格上，「『人間の手による』作業工程」が多くあるなど熟練が必要であり，結婚や出産で退職せずに，その後も働き続けてほしい，というのが会社としての願いであり，子どものいる従業員は5時退社が社風として根付いている。現在は定年まで働く女性従業員がほとんどであるという。
　会社として事業所内託児所（定員15名）を有しており，2名の専任保育士が従業員の子どもを預かっていた。同じ事業地内にあるため，預けた子どもの体調が悪くなった場合も，勤務中の従業員と連絡を取りつつ預かってもらえ，かつすぐに対応できるため，従業員の安心感は大きい。
　事業所は小ぢんまりとした家庭的な作りであった。専任の保育士に，定年まで働き続ける気持ちがあるか尋ねたところ，即答で肯定の返事が戻ってきたのが印象的であった。

②社会福祉法人毅行福祉会　中加積保育園

　この園は滑川市にあり，1952（昭和27）年に開園し，2007（平成19）年に定員が180名となっている[12]。
　「平成19年度　元気とやま！仕事と子育て両立支援企業表彰」によると，従業員は約40名である。特徴として，「『誕生日休暇』など独自に工夫した制度を設け，仕事と子育てを両立しやすい職場環境づくりを行うとともに，祖父母に対する講習や地域との交流などによる社会貢献を実施している」とある。
　その他の特徴は以下のとおりである。

第1部　国・自治体・地域社会が取り組む子育て支援

・子の看護休暇（有給。半日単位。当年有給休暇付与日数の 1/2（5日以上 10 日まで）取得可）
・　　〃　　（義務教育期間中の子を看護する場合に利用できる）
・リフレッシュや健康管理のために利用できる「誕生日休暇」「誕生日半年後休暇」
・地元住民と園児との交流の実施など

　園長の柳溪暁秀氏にお話を伺った。
　園では職員の多様な形での休暇取得を認めているなど，職員の働きやすさや子育てのしやすさへの配慮に加え，園と近隣との関係にも特色がある。
　たとえば「婦人の会」による絵本の読み聞かせなどを通して，園のなかに地域住民の流れを呼び込んでいるし，富山県が実施している子育て支援・少子化対策施策のひとつである「社会に学ぶ『14 歳の挑戦』事業」も積極的に受け入れている[13]。
　また園では，子育て支援室を開放した，未入園児親子の子育て支援として「ちびっ子広場」を開設している。その内容は，子育て相談，健康相談，食事・食育相談，ふれあい保育，ミュージックケア，わくわくタイム，誕生会，園行事参加，園庭開放，ベビーマッサージ，その他として子育て講演，保育の出前など多くのメニューをそろえて，子育て支援を行っている[14]。
　さらに今後の展望として，在宅高齢者への配食事業や乳児院の設立など，柳溪氏の目線は，職員の働きやすさのみならず，園をめぐる近隣社会にまで強く注がれている。

③ **株式会社オレンジマート**
　この企業は富山市にあり，1995（平成 7）年に設立されている。「平成 21 年度　元気とやま！　仕事と子育て両立支援企業表彰」によると，業種は各種食料品小売業で従業員は約 160 名となっている。その特徴は，「『パート社員も主役』という理念のもと，従業員の希望に対応するための「社員転換制度」を設

第5章　福井・富山両県における子ども・子育て支援計画について

けるとともに，有給休暇取得促進に努めるなど仕事と生活の調和に取組んでいる」。
　その他の特徴は以下のとおりである。
・「パートから正社員」，「正社員からパート」へと勤務選択が可能な「社員転換制度」
・配偶者出産休暇（1日），有給休暇取得促進のための「ふれ愛ホリデー」制度
・子育て家庭支援のイベントの実施　職場見学の受け入れなど

　専務取締役の辻素樹氏にお話を伺った。
　スーパーマーケットという業種上，女性従業員が多く，人材確保の点からも公平で納得でき，だれもがわかる運営しやすい人事の仕組みを考え，パートの人事制度を作ったり，従業員の妊娠・出産による人材流出を防ぐ意味からも，育児休業を必ず認めるようにしてきた。育児休業終了後も正社員として働くことができるように短時間正社員勤務制度を導入したり，子どもと触れあう時間を確保するために3日間の連続休暇制度も取り入れている。そうすることにより，仕事と家庭（子育て）の両立をサポートしている。また，このためには，仕事における互助の精神が必要であるので，職場での人間関係の良好さを保持する見地から一泊二日の社員旅行を実施している。
　合わせて，「正社員もパートも社員は社員」を基本理念とし，従業員の生活の変化や状況に応じた勤務体制を選択することができるように，「社員転換制度」を導入している。
　企業の人材確保と従業員の仕事，子育て，家族のありようを含めたバランスを調整できるような仕組みを作り上げているところに特色があるといえる。
　加えて，「社会に学ぶ『14歳の挑戦』事業」や短大生，大学生のインターンシップ受け入れも行っている。また2011（平成23）年度には，「女性が輝く元気企業とやま賞」を受賞している[15]。

83

第1部　国・自治体・地域社会が取り組む子育て支援

4　まとめと課題

　本章では，共働き世帯が多く，子育て支援に特色のある福井・富山両県に注目し，それぞれの子ども・子育て支援対策の現状を確認してきた。そして，両県においては，仕事と子育ての両立支援に熱心な企業を表彰しており，その状況をもう少し詳しく把握するために，5か所の企業（福井県2か所，富山県3か所）を訪問し，インタビューを行った結果を整理した。

　インタビュー先企業の従業員数では，20名ほどから約250名と幅はあるが，小〜中規模であった。インタビューを通しての，仕事と子育てに関する共通項として，訪問先の企業では，従業員をとても大切にしていることがうかがえた。そのひとつが，従業員が結婚・出産後に再び職場復帰してもらえるような事業所側の姿勢と体制が整っているという点である。

　育児休業については，育児・介護休業法によって，育児と家庭生活との両立を図ることができるよう支援が受けられる。具体的には「労働者は，申し出ることにより，子が1歳に達するまでの間，育児休業」を取ることができる。このような制度はあるが，実際にこの制度を利用して元の職場に復帰するという選択が容易にできるかどうかは，企業の従業員への「姿勢」に左右される。

　今回のインタビュー先のなかには，育児休業を1年間確実に取れ，それ以外にも看護休暇や連続休暇など個人の事情により気兼ねなく取ることのできる休暇があるという特徴があった。また，生活の状況に合わせて短時間勤務ができ，その状況を従業員間で肯定的に認め，場合によってはお互いにカバーし合うという環境を有しているところもあった。

　さらに，企業紹介欄には整理しなかったが，従業員間の関係が良好で，仕事以外での日常的かかわり（付き合い）が密であるという話もあった。

　一従業員として働きやすく，長期間にわたり勤務できるというのは，まず企業（事業所）として，一人ひとりの従業員を簡単に変えることのできない重要な人材であるという認識があり，従業員に対する休暇の取りやすさ，職場内の

第5章　福井・富山両県における子ども・子育て支援計画について

人間関係，働いていることの満足感などが関係しているように思われる。

　仕事と子育ての両立は，雇用をめぐる待遇格差が多く残る現在の日本において，決して容易なことではない。そのようななかで，県が仕事と子育ての両立支援に力を入れている企業を表彰し，またそれを広く広報していくことは，モデルを示しそのような環境を整えていくという意味からも意義がある。

　今回取り上げた福井・富山両県では，以前より共働き家庭が多いことで知られていた。この点については両県の歴史を産業の発展過程と就労の関係から検討していくこと，また現在の家族構成の特徴，子育てをめぐる状況，雇用形態等についても合わせて検討していくことが必要である。

　今回インタビュー調査を行ったオレンジマートにおける「正社員」と「パート社員」を分別しない人事制度は，従業員から見た「公平性と納得性」という点[16]，また，一人ひとりの人生設計のなかでの就労形態の選択という点からも，これからの雇用形態を考えるうえで重要な示唆を与えているように思われる。

　第3節で取り上げた事例は，結婚・出産後の職場復帰を容易にし，かつ子育てのための時間を職場として調整している例である。言い換えれば，働く場における雇用形態の改善と工夫であった。

　だが，子育てをしている家庭の事情は異なる。それぞれの家庭で子どもを産み育てることをパートナー同士でどう考え，役割を分担していくのか。またひとり親の場合の親としての役割の増加に対して，どこがあるいは誰がどのような形でその負担軽減を図ることができるのか。それは家庭内の「忍耐」であってはならない。

　子育て家庭が地域で生活を営む際に，必要に応じてさまざまな「支え」を気軽に利用でき，そしてその支えをもとに仕事と子育ての両立の「大変さ」を軽減していく必要があるが，ここではその検討を行っていない。仕事と子育ての両立について，「地域社会」と「就労」の側面を合わせた検討を行うことは今後の課題である。

＊謝辞　インタビュー調査に快くご協力をいただきました，松文保育園園長　山本

第 1 部　国・自治体・地域社会が取り組む子育て支援

ひとみ様，株式会社しばなか　内山明子様，オーアイ工業株式会社取締役総務部長　黒部栄二様，総務課課長代理　中村啓一様，中加積保育園園長　柳溪曉秀様，株式会社オレンジマート専務取締役　辻素樹様に対し，改めて感謝申し上げます。とくに，辻素樹様にはインタビューのみならず，多くの資料を含めた示唆をいただきました。重ねて感謝申し上げます。

本研究は植草学園大学共同研究助成金を受けて行ったものである。

注
1) 坂本光司・幸福度指数研究会『日本でいちばん幸せな県民』PHP 研究所，2011 年
2) 福井県『第二次福井県元気な子ども・子育て応援計画』，2010 年，p. 8
3) 前掲，p. 14
4) 前掲，p. 16
5) 富山県『みんなで育てる　とやまっ子　みらいプラン～子どもの笑顔輝く未来へ～』，2010 年，p. 13 参照
6) 文中の画像については，訪問先から提供されたものである（株式会社オレンジマートを除く）。株式会社オレンジマートについては，筆者が撮影し，掲載許可を得たものである。
7) 福井県『福井県の子ども・子育て支援』2012 年，p. 4
8) 株式会社しばなか HP「緑香庭」http://www.ryokkatei.jp/（参照 2012.12.07）。
9) 同上 HP「会社案内」http://www.ryokkatei.jp/company/index.php（参照 2012.12.07）。
10) 「近居」についての定義であるが，国土交通省による，『NPO 活動を含む「多業」と「近居」の実態等に関する調査』(2006) では，「住居は異なるものの日常的な往来ができる範囲に居住することを指」し，住まい方を「時間距離で分類し，近居対象として，「同居」ではなく「車・電車で 1 時間以内」の範囲」としている。
11) オーアイ工業株式会社 HP「事業紹介」http://www.oaikogyo.co.jp/businessfield/index.html（参照 2012.12.07）。
12) 中加積保育園 HP「園の概要」http://www.kosodate-web.com/nakakazumi/profile.htm（参照 2012.12.07）。
13) 「社会に学ぶ『14 歳の挑戦』事業」とは，富山県が「行動領域が広がり活動が活発になる中学 2 年生が，1 週間，学校外で職場体験活動や福祉・ボランティア活動等に参加することにより，規範意識や社会性を高め，将来の自分の生き方を考えるなど，成長期の課題を乗り越えるたくましい力を身につけることを目指し」

第 5 章　福井・富山両県における子ども・子育て支援計画について

て実施している事業である。そのパンフレットの表紙には，「地域の中でありがとう」とあり，家庭や地域住民に対しては，『14 歳の挑戦』を通して"生きる力"を」とある。富山県教育委員会「社会に学ぶ 14 歳の挑戦」パンフレット http://www.pref.toyama.jp/cms_pfile/00001004/00526593.pdf（参照 2012.12.07）。
14) 中加積保育園 HP「ちびっ子広場」http://www.kosodate-web.com/nakakazumi/hiroba.php（参照 2012.12.07）。
15)「女性の登用や能力開発等に積極的に取り組み，女性が職場でいきいきと活躍している企業」に対して，富山県から賞が授与される。受賞企業は，「『女性が輝く元気企業とやま賞』実施要領にて，年間 3 企業以内とされている。
16) 財団法人 21 世紀職業財団『パートタイマーの"やる気"を企業活力に─企業 10 社の最新レポート─　第三版』2007 年，p. 5

オトコ30歳・育児休暇とりました
―新米パパの育休奮闘記

奥村健一

　私は，1980年生まれ，都内の出版社に勤める編集者で，自分が知り得た範囲では，勤務先の男性育休取得者は，私で4人目であった。私の勤務時間は，職業柄フレックスタイム制であり，どちらかといえば，非常に不規則である。朝はゆったりめの出勤だが夜は遅くまで働く，というような仕事の形態である。

　育休を取得したのは2010年12月から2011年5月（娘は当時7か月～1歳1か月）までである。それからすでに1年半以上が経っており，2012年12月現在で2歳9か月の娘は，狭い部屋をぐるぐると走り回っている。小さな体を目一杯使って声を張り上げ，一人でママ役とお姉さん役と保育園の先生役をこなし，それはもう忙しそうである。今考えれば，ある意味，あの育休中の半年は，本当に穏やかな日々だったと思う。当時を記録してあるビデオテープを見返してみても，本来出勤しているはずの忙しい午前中の時間が，冬の朝特有の柔らかな光をまとい，その場所だけ現実から切り離されて別世界を作っているように見える。そして，まだ赤ん坊の娘が時々発する宇宙語のような声に合わせ，私自身の声の波長も，静かにゆったりとしており，悩みなんて何も無かった子どもの頃に日向ぼっこをしていたときのような印象さえ受ける。

　しかし，ビデオテープの記録ではなく，私自身の記憶に耳を澄ませると，あの育休中の約半年間は，決して「穏やかな日々だった」と言えるものではなく，むしろ「辛く厳しい激動の半年間だった」という方がふさわしいかもしれない。悩み，苛立ち，葛藤したあの日々は，これまで生きてきたどの半年間よりも濃密であり，一心不乱に育児に励んでいた日々である。

　育休中，日記をつけようと何度も思ったが，精神的にも肉体的にも疲労困憊で，切れ端のようなメモしか残っておらず，実をいうと，記憶も断片でしか残っていない気がする。しかし，その切れ端と記憶の断片をつなぎ合わせ，ごく平均的な30歳のパパ＆育休初心者が，如何に悪戦苦闘しながら半年余りを駆け抜けたかをのちほど記したいと思う。過去の記憶は美化されてしまいがちであるので，当時自分なりにまとめていたブログを，あまり手直しせずに掲載することとした。不恰好で，泥臭い，リアルな育休ライフが伝われば，生身の"イクメン"として本望である。

●育休取得とその壁

　私が育休を取得しようと考えた主な理

essay オトコ 30 歳・育児休暇とりました

由は，次の 4 つの点である。
・学生時代に北欧を旅し，彼らの子育てに対する考え方に触発されたこと。
・妊娠から出産まで多くの苦難があり，子どもと長く一緒に居たいと思ったこと。
・女性向けの雑誌の編集を経験し，女性の視点を身に付けることができたこと。
・単純に子育てをする父親がかっこいいと思ったこと。

しかしながら，日本における男性の育休取得者は極めて少数派であり，1.4%（2010 年）の男性しか取得していないという。ちなみにスウェーデンは 99%。これは，なぜなのだろうか，と昔から疑問に思っていた。日本が昔からそうだったから，会社が認めてくれないから，であろうか。

この数字がもつ意味を，当初は深く考えていなかったが，自分が実際に育休を取得することになると，日本で男性が育休を取ることが思いのほか難しい，と痛感した。

「育休は，普通母親が取得するもの」という考え方が一般的な日本では，「男性も育休を取得できるの？」という声を聞くことも稀ではない。そんな環境にあって，周囲の理解を得るのは，実は，想像以上に大変であった。男性が育休を取得することが如何に難しいことなのかを，自分自身が育休を取ることで，身をもって実感した。その過程で浮かび上がってきたのは，主に下記の 5 つの視点である。

① 父親が得意な育児の分野と，母親が得意な育児の分野
② 家の中の育児と，社会がサポートする育児
③ 日本の子育て環境と，海外の子育て環境
④ 仕事のストレスと，育児のストレス
⑤ 上司世代の考え方（理解）と，共働き両親の考え方

まず，① についてであるが，母親の方が育児に向いているに違いないと思い込んでいる男性が多いが，果たしてそうなのだろうか。実際，料理や洗濯など，家事全般についても，男女で得意不得意はあるにしろ，基本的には性差はないはずであろう。

② についていうなら，経済的理由などもあり，共働きの家庭が増えている現状で，社会のサポートもさまざまな選択肢がある。家の中での子育てと，保育園などの社会的なサポートでの子育てに，違いはあるにしろ，育児をどうするのかの基本的考え方をもつことが大切であり，共働きなのであれば，なおのことと考える。

③ についてはよく言われることであるが，他人の目を気にする日本人は，とくに「皆がそうだから」という理由だけで，育休を母親に任せてしまっている例が多いと思う。

④ については，自分で経験してよく分かったのだが，仕事と子育てのストレスは，明らかに違うと思う。男性と女性で，耐性は異なるのかもしれないが，「子育てが楽である」とか「育休は，あ

くまで休暇だ」という，見当違いな考えは，実際に育休をとってみれば一気に払拭されるはずである。

⑤もよく言われるが，一般的に，上司の世代は，「育休は女性が取るもの」という認識が未だ根強いといえよう。さらに，ただでさえ一人あたりの仕事量が増えている昨今，育休取得の理解を得るのはなかなか難しいと思った。

● **ブログに残る育休の日々**

上記は，育休を取得してから1年以上が経った現時点での，客観的で分析的な育休への感想である。育休中，このかけがえのない時間を日記などの形で何か残そうかとずっと思っていたが，毎日毎日，目の前で起こる変化に追われ，ノートを手に取ることも，携帯に保存することも満足に出来なかった。最初のうちはノートをつけていたが，寝かしつけやあれやこれやで，くたくたに疲れて挫折してしまい，結局は断片的なメモと途中から多少まとめていたブログが残っているだけである。

実際の育休ライフは，すばらしい体験でもあり苦々しい思い出でもある。そして，滑稽でもあり痛快なものでもある。それらをそのまま再現は出来ないが，当時の記録を忠実になぞり，ありのままを記してみたい。

・2010年11月のメモ 育休準備期カウントダウン

育休に入る少し前，妻が友人の結婚式に出席するため，はじめて僕が娘と二人きりで過ごすことになった日のことを，今でもありありと思い出す。その日は，六本木で結婚式があるということで，夕方ごろから2時間六本木ヒルズで娘と過ごすことになった。

この時の2時間がどれだけ長く感じられたことか。物産展やお店を見て回ったり，時々キッズルームでおむつを替えてみたりと，いろいろと娘の気を引いてはみるものの，ぐずってはまた別の店に移りと，こんなことを繰り返しながら時間を過ごしていた。その頃は，哺乳瓶でミルクを飲むことさえいやがっていたので，ぐずり始めたら抱っこして歩き回ったりして時間が過ぎるのをただただ待っている，という感じであった。

1時間半ほど経った頃であったが，娘のぐずりがピークに達したので，外に出て抱っこしようと六本木ヒルズアリーナに向かったのである。どこに行っても，どの場所にいてもあまりに激しく泣くので，人の視線から逃げるように，ぐるぐると広場を歩き回っていた。でも，どうにもこうにも娘は泣き止まない。おっぱいなのか，それともオムツなのか。どうしていいか分からないまま，しょうがない，哺乳瓶で麦茶をあげよう，と思い立って抱っこしながら不器用に哺乳瓶を口に当てたが，ますます泣き声は激しくなるばかりであった。その泣き声は六本木ヒルズ中に響き渡り，（いや，東京中に響き渡ったのではと，その時は思った）近くにいた警備員もなんだか僕を怪しい目で見ていた。

ストーカーのように何度も妻に電話をかけ，「申し訳ないけど，もう限界だか

essay オトコ30歳・育児休暇とりました

ら，こっちに早く来て」と，披露宴の途中にもかかわらず，助けに来てもらった。

育休直前のこの出来事で，僕の育休ライフはただただ不安なものへと変わってしまった。

・育休スタート

妻が仕事復帰する日までにスムーズにバトンタッチできるようにと，11月の後半から育休に入る届けを出していたが，結局仕事の引き継ぎなどで，ずるずると先延ばしになり，育休初日のその日まで，娘と二人の時間はほとんど取れなかった。だから，12月1日の初日は，これから始まる毎日に胸を膨らませながらも，不安で一杯であった。前日から娘に「明日から，パパと二人なんだよ。楽しみだね」と，何度も何度も言い聞かせていたが，本当は自分の不安を吹き飛ばしたかっただけかもしれない。今，改めてその日のことを思い出そうとしたが，実は，ほとんど記憶にない。

思い出せるのは夜になって妻が帰ってきてすごくホッとしたこと，また，同時に娘がママの顔をみて，顔がほころんだこと，そのくらいである。自分自身，必死だったのに違いない。その頃は，できるだけ日記をつけようと思っていたが，それを振り返ってみるとただ一言，こう書いてある。

「12／1　おもちゃのラッパが吹けるようになった。」

そうだそうだ，くわえたラッパがたまたまプーッと鳴り，それを二人で喜んでいたのだ。毎日一歩ずつ成長していく姿をこうやって傍で見られることはとても幸せなことなんだと，心から思う。

・離乳食

育休ライフがスタートしたばかりの12月は離乳食と昼寝，おでかけ，トイレトレーニングとお風呂，それらを毎日とにかく必死でやっていたような記憶がある。

メモをみると，離乳食は，「10倍粥／バナナ／野菜スープ／パン粥／豆腐」などをローテーションで食べさせていたようである。

離乳食作りは，妻の全面サポートを受けていたが，この頃は，冷凍してある離乳食を解凍して食べさせる，ただそれだけのことなのに，子育ては重労働だ，仕事よりも大変だと，早くも心が折れかけていた。とくに離乳食に関しては，初めの頃，食べさせるのにとても苦労した。一口二口は食べるのだが，それ以降ほとんど進まない。

僕は，当時頭でっかちの完璧主義だったから，とにかく全部食べさせねばならない，何としてでも食べさせようと考えていた。先輩のパパやママには笑われてしまうかもしれないが，本当にさまざまなやり方を試みた。たとえば鏡の前なら食べるかもしれないと洗面台の前で抱っこして食べさせたり，歌って踊ってハイテンションでスプーンを運んだら口を開けてくれるかもしれないと部屋の中を走り回ったりと。ある時は，洗面台まで机を運び，真冬なのでヒーターまで持ち込み，そこで食事をしていたことさえあった。しかも，器をひっくり返したり，ス

ブーンをはねのけたりして服がべちゃべちゃになるので, 自分自身, 真冬なのにとても情けない下着姿で過ごしていた。

2011年4月発売の雑誌『pen』で, おしゃれなパパライフが紹介されていたが, 「あー, 何で自分には程遠いのだろう。かっこ悪いし, 大変だし, 食事に1時間近くかかってしまうし」と思ったりした。また, ある時は, 娘が振り回した手が器に当たり, 作ったばかりの離乳食が全部床に落ちてしまい「何でそういうことするの！」と怒ってしまったこともあった。娘に悪気はないはずなのに。しかし, 思い通りにいかない現実やお互いにうまくコミュニケーションが取れないこと, 相談相手が近くにいないこと, そして理不尽に怒ってしまった自分にひどく落ち込みながら, それでも繰り返される地味で単調な毎日の中に, ただ一筋の光に出会えると, 思ったより大変だけど, 「平気だい！」と, 何もかもが吹き飛んでしまうのである。

それは, たとえば一点の曇りもない澄んだ目, 底抜けの笑顔, びっくりするような日々の変化や成長などであろう。子育てはまるで荒行のようだと思ったが, 辛いことを全部ひっくり返してくれる感動的な出来事と必ずペアになって現れ, それはまるでジェットコースターのように僕の心を浮き沈みさせ, 翻弄しながらも, 次に見える景色を用意して待ってくれているのである。

・ベビーフロア

平日の日中街を歩いていると, 働いている時には見えなかった景色が見えてくるようになる。商店街には, 僕と同じように赤ん坊を連れたママたちが, 散歩をしたり買い物をしたりしている。僕が, 仕事の上で「これが世間だ」と見ていたものは, 実際は生活の極一部の断片でしかなく, そうした僕の見方は, 瞬く間に崩れてしまった。

育休に入ってしばらくした頃, 駅のすぐ近くにある保育園が, 乳幼児の遊びと交流の場所として開放されているというので, その「ベビーフロア」に行ってみた。3月の終わり頃にはもうすっかり馴染んで保育園の先生とも仲良くなったのだけれど, 初日の最初の一歩は本当に勇気が必要だった。そもそも, この場所で親同士でどんな風にコミュニケーションを取ったらいいかわからないし, とにかく, 集まっているのはママばかりである。間違えて女子校の教室に入ってしまったような気持ちで, 初日は部屋の隅っこで娘と二人, こそこそと遊んでいた。近頃は, 子育てをがんばるパパがイクメンともてはやされ, 男性の育児にもだいぶ注目が集まってきたが, それでも平日の街なかで見かける親はほとんどがママである。この保育園の「ベビーフロア」では, おそらく20日間ぐらい, 延べ200人程の親に会ったと思うが, 結局, パパには一度も会わなかった。男性の育休取得率は1.4％ということなので, 数値上は"イクメン"に会わなくてもそう不思議でもない。「ベビーフロア」で, 始めは物珍しげに見られていた僕も, 何度も通っているうちにその場に慣れ, 娘も僕も他の子や親と上手にコミュニケー

essay オトコ30歳・育児休暇とりました

ションが取れるようになった。

　離乳食やトイレトレーニングなどやることはたくさんあるが，他人とコミュニケーションを取ることの大切さ，そして新しい場所に飛び込む勇気も必要だと，つくづく思った。また，この「ベビーフロア」に通った日は，必ず娘が新しい言葉を発したり，昨日までできなかったことができるようになったのもとても印象的であった。今はもうその保育園に行くこともないが，当時，毎回行く度に，入る勇気が必要だった小心者の僕を，「イクメンが来た！」とからかい，いつも明るく迎えてくれた保育士さんにはとても感謝している。

・東日本大震災

　3月11日の，あの時間，僕は娘の昼ごはんを終え，寝かしつけたばかりであった。信じられない揺れを感じると同時に，とにかく必死に娘を抱え，急いで外に出たのを覚えている。その後，部屋に戻り，防寒着を着せた娘を連れ，必要最低限の荷物とベビーカーを抱え，止まってしまったエレベーターの反対側の階段を必死に降り，広い場所へ避難した。揺れが収まると，部屋に戻り，テレビを付けて状況を確認し，また大きな揺れが来ると外へ出る…ということを繰り返していた。その一日だけで，防寒着を10回近く脱ぎ着させたが，娘はきっと何が起こっているのか全く分からなかったに違いない。妻も，その日は，10時間かけ深夜2時に帰宅するという状況だったので，いつもは一人で眠れない娘も，この日ばかりは疲れ果て，自然と眠りに落ちていた。

　30歳男性の育休生活は，震災の最中で，さらに厳しいものとなる。その後も，水や生活必需品を手に入れるべく，娘を抱えて街を奔走した。我が家が計画停電の地域だったため，お風呂に入るタイミングを調整したり，暗闇の中でご飯を食べたりしていた。きっと娘は，イベントか何かと思っていたかもしれないが，この計画停電や余震は，職場復帰するまで続いた。

●**男性の育児・育休について**

　育休から復帰後も，なるべく娘と一緒にいたいと思う気持ちも強く，保育園への送りを，木曜を除いた週4日，お迎えを火曜と金曜の週2日と決め，お迎えの日は18時には会社を出るようにしていた。

　育休中は，ごはんの準備や洗濯，トイレのことや散歩やお昼寝など，常に，あれをやって，これを準備してと，ずっと気を張りながら行動していたので，会社に復帰して，仕事をしながらも，机に座りながらお茶が飲めるということに，心から自由を感じた。さらに，不思議なことに，純粋に働くことへの意欲が，育休前と比べ，格段に膨らむようになった。

　ただ，仕事に復帰して1年以上が経った今，復帰と部署の異動なども重なり，どんどん仕事の終了時間が遅くなってしまった。結果として，お迎えにも行けない日が続いており，如何に帰宅時間を早められるかが，今の私の大きな課題になっている。

2012年12月現在，2歳9か月の娘は，ハイハイをしていたあの頃とは全く違い，ずいぶんとコミュニケーションも取れるようになった。また，彼女が何を考えているかもかなりわかるようになってきた。それでも，相変わらず子育ては大変である。
　でも，これだけはいえる。大変だなと思うことが9割を占めていたとしても，残りの1割の感動や喜びが，すべてをひっくり返してくれるのである。子育てとは，そのようなものだと断言できる。
　男性の方で，これから育休を取得しようかという人がいれば，あるいは迷っている人がいたら，私は間違いなくこう言う。
　「育休を取って本当によかった。」
　最後に，共働きの私達夫婦が，それぞれに仕事をもち，そして，子育てができるのは，周囲のサポートがあってのことである。妻のご両親（イクジイ・イクバア）には，週1日のお迎えや，困ったときのヘルプをお願いしており，そのことが，大きな心の支えになっている。また，保育園の保育士さんたちのもとへ安心して預けられる環境があるからこそ，いまの暮らし方ができるのだと考える。
　私は，この5か月間の育休を通じ，「親が子育てをする才能は，男女を問わず平等にもち得ること」「ソーシャル育児（＝社会や地域，家族のサポート）が必要不可欠であること」の2つを強く感じた。より多くの男性が育児休暇を取得するなら，また男性が育児休暇を取得することがごく普通になっている日がやってくれば，個人も社会も，さらに豊かになるだろうと確信している。

（2012年12月　娘に「パパとは遊ばないもん」と言われ始めた父32歳）

第 2 部

企業・大学が
取り組む子育て支援

第6章

企業が取り組む仕事と子育ての両立支援
―事業所内保育施設の設置に着目して―

髙野良子

1 はじめに

　2012年8月,社会保障と税の一体改革関連法案が参議院で可決・成立したことにより,2010年度からの「子ども・子育てビジョン」に基づく子どもの教育・保育,子育て支援を総合的に推進する新たな子育て支援制度が整った。認定こども園制度の改善,認定こども園,幼稚園,保育所を通じた共通の給付等の創設,地域の子ども・子育て支援の充実が主な柱となっている[1]。本章は,「子ども・子育て関連3法」に示された支援給付のなかで,「地域型保育給付」制度の対象となる事業所内保育施設に焦点を当てようとするものである。

　第1章で見たように,2003年7月に成立した「次世代育成支援対策推進法」により,企業は仕事と家庭の両立が可能となるような雇用環境の整備を行うことが求められるようになり,企業による次世代育成支援策がさまざまに進められている。その支援策のひとつとして,事業所内保育施設は,従業員の産後休暇や育児休業後の職場復帰を支える機能があり,認可保育所の代替施設としての役割を担っていることからも注目されている[2]。

第 6 章　企業が取り組む仕事と子育ての両立支援

　そこで本章では,「子育ての社会化」[3]が問われるなか,企業が仕事と子育ての両立支援にどのように取り組んでいるかを,事業所内保育施設への現地調査等をとおして探ることを目的とする。広義には認可外保育施設に位置づく事業所内保育所(託児所,保育室を含む)の設置経緯や運営状況等に焦点を当て,子育て支援に果たす事業所内保育施設の意義を論じたい。調査の詳細は図表6.1のとおりである。
　なお,事業所内保育施設の業種区分のなかで,「その他」に分類される大学等が設置する保育施設については,次章でみていくこととする。

図表 6.1　現地調査（調査 1）及びインタビュー調査（調査 2）等によるデータ収集の概要

調査 1

1. 調査の目的：保育施設（事業所等）の視察調査や資料収集等により,設置経緯,設置年度,運営形態等に関するデータを得る。
2. 調査の対象：事業所内保育施設
3. 調査の方法：現地調査および企業への電話等によるヒアリング
4. 調査の時期：2008 年 10 月～2012 年 9 月
5. 現地調査　　：7 施設（図表 6.4 参照）
6. ヒアリング等による資料収集：1 施設（図表 6.4 参照）

調査 2：本章にて一部引用しているが,詳細は別稿に譲る。

1. 調査の目的と質問項目：量的調査では得られない子育て世代のワーク・ライフ・バランスの状況等をインタビューにより具体的に探ることを目的とした。
2. 調査対象　：6 名（A・B・C・D・E・F さん）の協力を得ることができた。面接時間は,個別に 60 分程度,保育所などの面接室を利用し,半構造化された調査を行った。
3. 調査方法：基本的には共同研究者と複数で聞き取り調査を実施し,回答者の許可を得て IC レコーダーに録音をし,終了後,反訳により文字化した。
4. 調査時期：2009 年 2 月 1 日～2010 年 3 月 20 日,2011 年 4 月～2012 年 3 月

第2部　企業・大学が取り組む子育て支援

2 企業が取り組む子育て支援

　本節では，企業等が従業員の子どもを対象として，事業所内または隣接地に設置する事業所内保育施設に焦点を当て，子育て支援に果たす事業所内保育施設の役割とその現状を把握したい。

2.1　事業所内保育施設のはじまり

　現在の事業所内保育施設に位置づく「企業内保育施設」はどのように始まったのだろうか。保育施設は産業革命にともなう労働者階級の発生とともに本格的に設けられるようになる。明治20年代の後半になると，産業の発展にともない，幼児をもつ母親が工場等で就労するようになり，企業が託児所をもつところが出始める。はじめは「託児所」と呼ばれ，「企業内託児所」と称され，1894（明治27）年に東京の深川にできた東京紡績株式会社に付設して作られた「企業内託児所」が，我が国最初のものとされている。その後，1902年に鐘淵紡績株式会社が東京府南葛飾郡隅田村（現在の東京都墨田区墨田）に開設し，さらに日本煉瓦製造株式会社等にも作られていったことが明らかになっている[4]。

2.2　事業所内保育施設の設置状況

　厚生労働省「認可外保育施設の現況」（2012年3月30日発表）によると，企業等による保育施設，いわゆる「事業所内保育施設」を設置するケースは，近年漸増傾向[5]にある。事業所内保育施設は，少子化対策や女性の就労環境整備等を目的とし，女性従業員が安心して子どもを預け，働きやすい環境を整えることで人材確保を促進することも設置理由のひとつとなっている。医療機関も看護師の離職を抑え，あるいは復職を促すために「院内保育施設」として保育所を導入するケースが顕著である。ここ8年間で見ても2,175施設から2,522施設へと347施設増えている（図表6.2）。同様に，院内保育施設を除くいわゆる企業内等に設置の事業所内保育施設も，1,270施設から1,615施設と345施

第 6 章　企業が取り組む仕事と子育ての両立支援

設増となっている（図表 6.2）。

　産業別保育施設数はどう推移しているだろうか（図表 6.3）。産業別の分類のデータをもつ「財団法人こども未来財団」実施の 1997 年 12 月調査から 2009 年 1 月までの推移を追ってみよう。2009 年 1 月現在，全国に 3,766 施設[6]があ

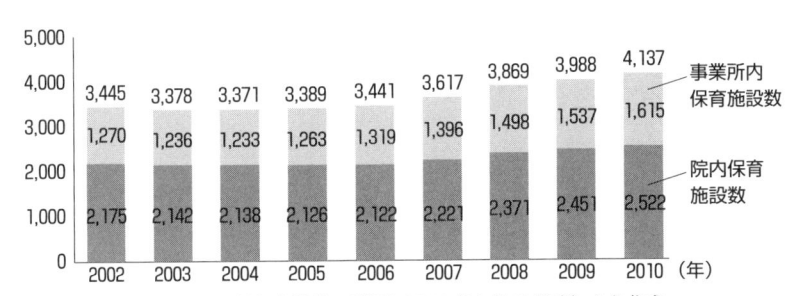

図表 6.2　事業所内保育施設数の推移（2002〜2010 年）

年	院内保育施設数	事業所内保育施設数	合計
2002	2,175	1,270	3,445
2003	2,142	1,236	3,378
2004	2,138	1,233	3,371
2005	2,126	1,263	3,389
2006	2,122	1,319	3,441
2007	2,221	1,396	3,617
2008	2,371	1,498	3,869
2009	2,451	1,537	3,988
2010	2,522	1,615	4,137

（資料）厚生労働省「認可外保育施設の現況」（2012 年 3 月 30 発表）より作成

図表 6.3　産業別事業所内保育施設数の推移

	1997 年12 月調査	1999 年12 月調査	2001 年9 月調査	2009 年1 月調査
事業所内保育施設総数	3861	3831	3793	3766
医療	2302	2310	2269	2315
社会福祉関係	57	34	33	112
製造	99	76	67	66
縫製	126	91	66	15
食品	52	50	53	77
販売	872	994	1073	954
サービス	274	230	189	126
その他	51	46	43	101
（駅型）	28	―	―	―

（注）1997 年のみ駅型保育所が総数に含まれている。
（出所）「財団法人こども未来財団」の各年度調査に基づき作成

るなかで，医療機関が設立している保育施設（2315）が最も多く，全体の約6割（61.5%）を占めている。次いで販売関係業種の保育施設（954）が25.3%，サービス関係業種の施設（126）が3%となっている。以上が事業所内保育施設の設置状況である。

3 事業所内保育施設の3類型

3.1 本調査8施設の概要

事業所内保育施設の設置状況を見てきた。それでは，事業所内保育施設はどのような経緯で設置に至ったのだろうか。また，その施設は，どのような特色があるのだろうか。

筆者らは，2008年10月～2012年9月までに8つの事業所内保育施設を調査する機会に恵まれた。これら8施設は，前述の図表6.3にみるように大きくは事業所内保育施設に分類されるが，次章で検討している大学内保育施設を除いている。

図表6.4には，8施設の設置企業名，産業別，設置年度，保育施設名，施設の運営方式（設置主体による直営方式または委託方式の別），保育施設設置の経緯等を記している。なお，記載にあたっては，当該事業所の了解が得られた事項や内容のみとなっている。

調査協力が得られた事業所（敬称略）は，井村屋グループ株式会社（以下，井村屋グループ，），医療法人社団有相会最成病院，オタフクソース株式会社（以下，オタフクソース），株式会社サマンサタバサジャパンリミテッド（以下，サマンサタバサ），協同組合広島総合卸センター（以下，総合卸センター），株式会社エトワール海渡（以下，エトワール海渡），株式会社ポピンズ（以下，ポピンズナーサリースクール丸の内），ロート製薬株式会社（以下，ロート製薬上野テクノセンター）の8事業所，1都3県（東京都：3施設，広島県：2施設，千葉県：1施設，三重県：2施設）が対象となっている。

第6章　企業が取り組む仕事と子育ての両立支援

図表 6.4　施設の概要

設置企業名 (所在地)	産業別	設置年度	施設名	運営方式 (主体・直営／委託)
	設置経緯等			
株式会社 エトワール海渡 (東京都中央区)	総合卸売商社	1977年	エトワール保育園	運営主体（直営）
	（電話等によるヒアリング：2011年3月） 　当社は，創業以来，女性社員率は一貫してほぼ7割という職場環境にある。1970年代に企業内保育園の設置や育児社員用短時間勤務制度等を行っている「育児支援」のパイオニアである。設置に際しては，社長自ら公立保育所を視察し準備に当たっている。社内保育が企業文化として定着しており，このことが子育て期の女性社員の強い味方となっている。労働大臣功績賞やファミリー・フレンドリー企業表彰等を受賞している子育て優良企業である。育児支援風土が定着している企業ゆえに男性社員の育児休業形態が確立するという波及効果をもたらしている。			
医療法人社団 有相会最成病院 (千葉県千葉市)	医療	1986年	最成病院保育室	運営主体（直営）
	（施設視察：2010年9月） 　病院近くの介護老人保健施設内に設置されている建物は，南側に面し明るく，太陽が燦々と入る1階建の清潔感溢れる保育室である。設置経緯は，医師・看護師・介護士の人材確保・維持，あるいは離職を抑え，復職を促すために保育所を導入したという。保育時間の基本は9：00～17：00としているが，夜間勤務等の体制に対応するべく保育を提供している。保育利用の料金は，かなり低く抑えている点も特徴的である。単発保育の受け入れも行っている。また，午後には保育室から幼稚園に入園した幼稚園児も加わる点も子育て支援へのきめ細やかな対応が窺われる。			
井村屋グループ (三重県津市)	食品製造	2007年	アイアイキッズルーム	運営主体（直営）
	（施設視察：2012年9月） 　グループ会社のN社には敷地内に託児所がすでにあったが，本社にはなかった。そこで，託児所設置のためのプロジェクトチームが立ち上がった。グループのミッションは，「おいしい！の笑顔をつくる」である。企業トップの理解も得られ，併せて，敷地内の建物の有効活用も可能となったことで開所へと繋がった。社員・パートの区別なく，1～4歳までの幼児を預かる。2012年7月，子育て支援に積極的に取り組む「子育てサポート企業」として認定され，			

第 2 部　企業・大学が取り組む子育て支援

オタフクソース株式会社（広島市）	\multicolumn{4}{l}{「次世代認定マーク」を取得した。}
	食品製造業	2009 年	オタフクふっくる保育園	運営主体（委託）
	\multicolumn{4}{l}{（施設視察：2012 年 9 月）　（女性社員の比率：32.8%）2009 年 9 月，オタフクソースは，仕事と子育ての両立支援の一環として事業所内保育園を開設した。敷地約 1246 平方メートルで，園児が遊べる芝生広場，砂場，菜園等が設けられているだけでなく，壁面等には自然塗料を使用する等施工面でも配慮が行き届いている。毎日の園児の食事は調理師が作り，調理場はガラス張りで園児たちの食育にも利用されるという。同社は 2005 年 4 月に育児休業期間延長，短時間勤務制度導入，育児のための退職者再雇用制度導入，事業所内保育園設置等を内容とした「オタフクエンゼルプラン」を制定し，仕事と子育ての両立支援に取り組んできた。2007 年 5 月に，次世代認定マーク「くるみん」を取得している。}
サマンサタバサジャパンリミテッド（東京都港区）	製造販売	2007 年	タバサルーム	委託方式
	\multicolumn{4}{l}{（施設視察：2008 年 9 月）　2007（平成 19）年 10 月 25 日に東京都の事業所内保育施設支援事業第 1 号の認定を受け，開設された保育所である。設置・運営費の約 2 分の 1 が補助対象となった。保育所は，安全面にも特段の配慮がされている。動画配信による保護者へのサービスも導入されている。社員の 96%が女性であることを鑑み，「女性の新しい働く形を東京都と共に発信し，国力につなげたい」という経営者のメッセージが保育所設置に繋がっている。}
ロート製薬（上野テクノセンター）（三重県伊賀市）	製薬会社	2009 年	さくらんぼハウス	委託方式
	\multicolumn{4}{l}{（施設視察：2012 年 9 月）　社員の 6 割以上を女性が占める製薬会社であるが，上野テクノセンターは 12 年前の設立当初から，地元の若い女性の確保に力を入れていた。10 周年記念事業として，「伊賀で一番の企業になろう。社員が一番働きやすく，働くことに誇りを持てる企業になろう。」を合言葉に，子育てをしながら安心して仕事に従事できる環境づくりのためのプロジェクトチームを立ち上げた。保育所の設置は，理解と熱意溢れる経営者側の英断による。設置後，結婚・出産する社員が急増し，育児休業取得者もほぼ 100%に達している。将来的には，工業団地内の近隣企業への利用開放も考えているという。}

第 6 章　企業が取り組む仕事と子育ての両立支援

株式会社ポピンズ（東京都千代田区）	保育運営業者	2010 年	ポピンズナーサリースクール丸の内	運営主体（直営）
	（施設視察：2011 年 11 月） 　本施設は，東京都事業所内保育施設支援事業の制度改正後，第 1 号として，大手不動産会社が丸の内エリアにおいて多様化する保育ニーズに対応するため，オフィス部分を用途変更し，戦略的に誘致した施設である。東京都 事業所内保育施設支援事業の制度改正（2009 年）により，保育業者が主体となって設置・運営を行い，保育運営事業者が直営する「コンソーシアム型」（複数企業向け）事業所内保育施設である。			
協同組合広島総合卸センター（広島県広島市）	卸製造業	2011 年	卸センター・もみのき保育園	委託方式
	（施設視察：2011 年 9 月） 　組合員から子どもを預けられる保育施設が少ないといった相談が増えていた。そこで，組合員・準組合員 280 社を対象に 2010 年 11 月にアンケート調査を実施したところ，企業内保育所が設置された場合の利用希望が多いことがわかった。情報収集等を行い，準備をすすめ，設置場所，保育体制等の条件整備ができた 2011 年度 9 月からの開園となった。受け入れ人数は，組合員企業の従業員分 25 人，一般分 25 人ずつ，計 50 人である。協同組合による保育所の設置は全国でも珍しく，新たな取り組みとして注目を集めている[8]。			

　設置主体の産業別は，医療，食品，製薬，卸製造業，保育運営業，総合卸売商社等に該当する。これら 8 つの保育施設は，企業内あるいは隣接した敷地内に設置されており，それぞれが特色のある施設であった。以下，設置年度，保育施設名，運営方式をみていこう。

　設置年度：最も早い施設は，エトワール海渡の 1977 年であった。医療法人社団友相会最成病院の 1986 年が続き，この 2 施設以外の 6 施設は，2007 年以降の設置である。最も新しい開園施設は，協同組合広島総合卸センターの 2011 年である。

　保育施設名：アイアイキッズルーム，ポピンズナーサリースクール丸の内，

第2部　企業・大学が取り組む子育て支援

エトワール保育園，オタフクふっくる保育園，最成病院保育室，タバサルーム，さくらんぼハウス，卸センター・もみのき保育園である。企業のミッションを施設名のなかに読み取ることができる命名ばかりであった。たとえば，オタフクふっくる保育園の名称の由来は，「スクスクと健やかに育つ子供たちに多くの福が来ることを願い，幸せ（福）を呼ぶ（来る）保育園」という（同社広報担当者による）。

ロート製薬の上野テクノセンター内の「さくらんぼハウス」の由来は，「春になると庭は桜で埋め尽くされ，従業員にとって桜はロートを象徴する花です。きれいな花の後には，かわいいさくらんぼが実を結びます。そんな桜の下，子どもたちが元気にすくすくと育って欲しいという願いをこめて『さくらんぼハウス』と名付けました。」と語る（同社人事総務部担当者による）。

限定付き保育対象年齢：0～5歳までという就学前保育が一般的であるが，保育所入所が難しい年齢は，3歳未満であることから，エトワール海渡は0～3歳，井村屋グループは1～4歳と対象年齢を限っている。幼稚園入園や小学校入学に向け，スムーズな移行ができるようにとのきめ細かい配慮がうかがわれる。

運営方式：直営方式と委託方式の2タイプあった。直営方式とは，保育士を自社で直接雇用する方式をいい，委託方式とは，施設の運営自体を保育専門業者に業務委託する方式をいう。直営方式型は井村屋グループ他5施設，委託方式型は，ロート製薬上野テクノセンター他3施設であった。とくに，直営型は，保育専門業者が運営する事業所のように，保育士としての採用であったが，株式会社エトワール海渡の場合は，人事部所属の一般社員として採用していた。このことにより，同社の保育園に入所希望の乳幼児が少なくなった場合を視野に入れての採用ということがうかがわれる。

設置費・運営費（助成金）：設置基準を満たすことにより，限度額や期間限

第 6 章　企業が取り組む仕事と子育ての両立支援

定などの条件はあるものの，自治体や財団法人 21 世紀職業財団等から何らかの助成金を受けているが，個々については記していない。なお，これまでは，事業所内保育施設を設立するにあたっては，設置基準を満たすことを条件として，財団法人 21 世紀職業財団から，設置費（支給限度額 2,300 万円）及び運営費（設立後 5 年間までであり，限度額は規模及び運営形態による），保育遊具等購入費等について助成金を受けることができた。現在は，都道府県労働局に申請し，認定されれば公的助成の支給対象[7]となる。2013 年 1 月以降運営開始の施設については，保育施設の最低定員は 10 人→6 人と緩和されたものの，支給内容（設置費・建替費等）が企業規模により減額され，運営費の助成期間もこれまでの最長 10 年→最長 5 年と短縮されることが記されている。

以下では，8 施設をタイプ別に 3 類型に分け，その特色をとらえておきたい。

3.2　特徴的な 3 類型

上記施設は，8 施設という限定的ではあるものの，設置年度，企業イメージや経営ミッションとの関連性，新しいタイプの事業所内保育施設という 3 タイプに分けることができた。

① パイオニア型

まず，設置年度において特徴的なケースが 2 例あった。8 施設中 6 施設は，すべて 2000 年以降の設置だが，ケース 1 のエトワール海渡とケース 2 の有相会最成病院の保育施設は，それぞれ 1970 年代と 1980 年代の開園であった[9]。

創業 110 年を迎える老舗企業のエトワール海渡は，社員の 3 分の 2 を女性が占め，女性の平均勤続年数も 12 年を超えている。それでは，どのような労働環境にその要因があるのだろうか。

同社は，企業内保育園「エトワール保育園」を 1977 年より運営している。同園は，公立の保育園が現在と比べて少ない時代にあって生まれたアイディアだった。保育園の園長は，医学博士でもある海渡社長が務め，建物内にはクリ

第 2 部　企業・大学が取り組む子育て支援

ニックも併設され，子どもの健康管理にも配慮がなされている。設置に際しては，当時の社長自ら人事担当者と一緒に公立の保育園に足を運んで調査し，同社の保有するビルの 3 階に，社内保育園を設置している。さらに，同社は，1970 年代に企業内保育園の設置や育児社員用短時間勤務制度等を行っている。育児短時間勤務制度は，実働 5 時間以上の勤務を条件に認められており，最大 3 時間の勤務時間短縮が可能となる。これは，育児休業明けから最長で子どもが小学校 3 年生の年度末までの期間が認められている。まさに「育児支援」の先駆的企業といえよう。何よりも企業内保育施設の最大のメリットは，「ゼロ歳児や一歳児もいるが，何かあればすぐに親がかけつけることもできるし，保育士とコミュニケーションもうまくとれる。」[10] という点にあることが，同園担当者の語りから読み取ることができる。

出産・育児休業中の者に対しては，人事部が作成する冊子「はじめのいっ歩」を郵送し，コミュニケーション手段として活用している[11]。エトワール海渡の社員と同様に，別の事業所勤務者で面接調査に応じてくれた E さんは次のように語った。

> 育休中も，何らかのつながりがあったほうがいいのかなと思っています。自分が育休に入ってみると，全く職場と離れてしまっているという感じがしましたので，時々，（職場から育休中に）メールをくださったりしていたのですけど，その時に結構，今こういうことをやっていてとかも書いてくださっていたので，状況がわかって，とってもよかったなと思っていますので。

このように会社と休業中の社員とを繋ぐネットワークは，孤立することなくスムーズに復帰へと繋ぐための有効なツールとなっていると解釈できる。これもまた，企業と個人を繋ぐ重要な子育て力となる社会関係資本であることが示唆される。

また，一般的には，現在も 6 割の女性が出産を契機に退職しているとの報告が相次ぐなか，当社では，「保育園設置後の社員の働き方の変化があったか」

第6章　企業が取り組む仕事と子育ての両立支援

を尋ねてみたところ,「特に,この10年,出産退職はほとんどなくなりました。社風としては,長年社内保育園があるため,社員は母親社員たちへの理解があり,周りの社員たちが逆にお迎えの時間を気にしたりしてくれることもあるくらいです。ほとんどの母親たちは,産育休取得や,復職後の急な休みや時短勤務を当然の権利として取得するのではなく,お互い様の気持ち・感謝の気持ちを忘れずに仕事に取り組んでくれていると思っています」と語る(人事部担当者より)。

　以上のことより,社内保育が企業文化として定着している同社の場合は,社内保育園という経営者の理念が社員のキャリア形成を支え,また,子育て支援が社員と社員を繋ぐという循環型のソーシャル・キャピタル(社会関係資本)が構築されていることを示唆している。人々の間に協調的な行動を促し,社内の効率性を高め,人々への信頼,「互酬性の規範」(お互い様)が,人と人との絆を創出していくと考えられる。

　もうひとつのパイオニア型はケース2の医療法人社団有相会最成病院の保育施設である。当初(1986年)は,病院内に設置してあったが,介護施設をオープンすると同時に施設と同じ敷地内に新しく建て,広いスペースと緑豊かなよりよい環境に整えたという。設置経緯は,医師・看護師・介護士の人材確保・維持,あるいは離職を抑え,復職を促すために保育所を導入している(同園担当者より)。本ケースのみならず1960年代～1980年代にかけて,医療従事者は,医療内容や労働条件の改善,夜勤の制限等を病院側に求めていった経緯があり,これらの延長線上に院内保育所の設置があった。1960年代以降,国立大学附属病院をはじめ多くの一般の病院で,夜間勤務等の体制にも対応するべく院内に保育施設が設置されている[12]。たとえば,名古屋大学医学部附属病院内に「ひまわり共同保育所」(1968年開設),「広島大学病院保育園」(1971年設置),「長崎大学病院内保育所」(1971年設置),「三重大学医学部附属病院内保育所」(1973年設置),「山口大学医学部附属病院保育所たんぽぽ園」(1982年設置)等[13]がある。

第2部　企業・大学が取り組む子育て支援

　なお，本ケースでは，病院等の勤務の都合上，午後には同保育室から幼稚園に入園した幼稚園児も加わる日があるという。事前登録が必要ではあるが，事業所内保育施設は，利用者の勤務状況に応じたきめ細やかな保育を可能にする機動性・機能性を備えている点も見逃せない。

　以上2つのケースは，事業所内保育の先駆的存在，子育て支援のパイオニアといえよう。

② 企業イメージ／ミッション反映型

　企業は，出産や育児，介護等さまざまなライフステージにおいても，社員が最大限に能力を発揮することができる環境の整備がいつの時代も求められる。次の4ケース（ケース3の井村屋グループ，ケース4のオタフクソース株式会社，ケース5のサマンサタバサジャパンリミテッド，ケース6のロート製薬上野テクノセンター）の場合は，企業内に保育所を設置することが企業イメージや経営ミッションの反映でもあった。

　ケース3（井村屋グループ）の託児所設置までの経緯をたどると，グループ会社のN社には敷地内に託児所がすでにあったが，本社にはなかった。そこで，託児所設置のためのプロジェクトチームが立ち上がった。社員が安心して子育てしながら働ける環境整備ができることが，グループのミッションであるところの「おいしい！の笑顔をつくる」ことに通じる。

　おいしいのなかには，「美しい」「満足できる」などいろいろな意味がある。井村屋は，2011年10月から経営品質向上活動に取り組んでいるが，その活動は，すべてのことをお客様中心に考えることにあり，それは，良い会社になる原点であり，従業員の幸せにつながる。従業員が喜んで仕事に取り組んでいるからこそ，お客様に喜ばれる商品やサービスの提供ができる，という考えに支えられている。

　その従業員の働きがいにつながる支援のひとつが，企業内託児所であり，それゆえに企業トップの理解も得られ，同時に敷地内の建物の有効活用も可能と

第 6 章　企業が取り組む仕事と子育ての両立支援

なったことから開所へと一気に進む。仕事と子育ての両立を目指す従業員に，働きやすい職場環境を整備し，長く企業人として勤められることを目的として，2007 年 9 月に開設し，現在も常時 8〜10 名の子どもを預かっている。企業内のため，ベテランの看護師が常駐し，何かあった場合迅速に対応もできる。保育料は，一律 12,000 円（月額），二人目からは 6,000 円，三人目は無料。保育対象には，社員・パートの区分はなく，1〜4 歳までの幼児を預かっている。

　また，「次世代育成支援」「ポジティブ・アクション」への取組みに関しても三重県知事表彰制度に応募し，インタビュー調査を経て，公募 20 社のなかから三重県知事表彰「ベストプラクティス賞」を 2009 年 11 月に受賞した。

　従業員の出産・育児に対するサポートは企業として必要不可欠であり，託児所の設置を始めとし，育児休業を 2 年に延長，男性社員の育児休業推進などワーク・ライフ・バランスの支援に取り組んで，「明日も行きたくなる会社」をめざしている。

　井村屋株式会社は，2012 年 8 月，厚生労働大臣より，子育て支援に積極的に取り組む「子育てサポート企業」として認定され，「次世代認定マーク（くるみんマーク）」を取得した。（以上，同社人事・労務部担当者による。）

　ケース 4（オタフクソース）は，2007 年には，子育て支援にやさしい企業として認定され，次世代認定マーク「くるみん」を取得し，2009 年 9 月には，仕事と子育ての両立支援の一環として「オタフクふっくる保育園」を開設した。設置までの経緯は，1998 年頃から女性社員から託児所設置の要望が目立つ一方，経営層でも少子化問題への貢献法が議論されていた。2004 年，社内アクション・プランを定めて両立支援策を体系的に再整備しようとしていた矢先，次世代法が施行されたため行動計画を策定した。もとより，創業者から続く代々の経営者は，「社員が子を産み，育てること」「家族を大切にすること」を常々表明している。行動計画の策定にあたっては，子どもを産む時だけでなく，育てるのに役立つ点を重視し，自社なりに育児のあり方を検討し，それを

第2部　企業・大学が取り組む子育て支援

反映するよう努めている。社内アクション・プランは，人事部門トップが構想をまとめ，部門シニア（係長級）がそれを明文化していった。社員の要望，子育てのあり方，自社の体力に合わせた経営負担のバランスを考慮して，目標を定めている。行動計画に定めた仕事と生活の主な両立支援は，育児休業期間の延長，在宅育児手当，短時間勤務制度，社内保育園の運営，再雇用制度，団らん休暇をはじめとした特別休暇等である。経営トップが両立支援に積極的であったことや，管理職の意識が高いことがスムーズにことが進んだ理由である。行動計画を策定以降，出産育児を理由に退職する社員がいなくなったという成果を得ている。（以上，人事総務部担当者による。）

つまり，女性社員からの託児所設置の要望に適切に経営層が耳を傾け，そして，保育園設置などの育児支援の充実が女性社員の職業継続を可能にし，そのことが意識の高い女性の入社に繋がり，結果として退職しないという好循環を生んでいるようである。

ケース5（サマンサタバサ）の保育所「タバサルーム」は，2007年10月に東京都の事業所内保育施設支援事業第1号の認定を受け，開設された保育所である。設置・運営費の約2分の1が補助対象となった。保育所は，都心の真ん中にあることからも安全面にも特段の配慮がされ，保護者向け動画配信サービスの導入や最寄駅から0分という利便性も備えている。

社員の96％が女性であることを鑑み，「女性の新しい働く形を東京都と共に発信し，国力につなげたい」という経営者のメッセージが保育所設置に繋がっている。女性が，出産後も働きやすい環境を整えていくことが，企業としてのさらなる発展に繋がっていくと思われる。また，衣類の洗濯も保育料（保護者負担0歳児48000円）で賄われており，保護者は，大きな布団を家に持って帰って，翌週にシーツを取り換えて持って来るという手間がかからず，電車通勤にも対応すべく配慮がされている。

「タバサルーム」の場合も，「優秀な人材を確保するためには，社員がいきいきと働ける環境をつくることが大事」という企業理念が反映されていた。

第6章　企業が取り組む仕事と子育ての両立支援

　ケース6（ロート製薬上野テクノセンター）は，大阪に本社をもつ医薬品や化粧品などを数多く製造している製薬会社である。その製品をつくる主力工場が上野テクノセンターで，社員の6割程度[14]を女性が占めている。上野テクノセンターの10周年記念事業として，「伊賀で一番の企業になろう，社員が一番働きやすく，働くことに誇りを持てる企業になる！」，子育てをしながら安心して仕事に従事できる環境づくりのため，5名でプロジェクトチームを立ち上げた。従業員にアンケート調査を実施し，要望が高かった企業内保育所の開設に取り組み，理解と熱意溢れる経営者側の決断を得て保育施設の設置が決まった。設置後，結婚・出産する社員が急増，育児休業取得者もほぼ100％に達している。将来的には，工業団地内の近隣企業への利用開放も考えているという。ロート製薬は，最大1年半まで延長可能な育児休業制度や小学校3年生を終えるまでの短時間勤務などの柔軟な勤務形態の整備を，法律に先駆けて実施してきている。2007年次世代法認定企業に認定され「次世代認定マーク（くるみんマーク）」を取得した。（以上，人事総務部担当者より）

　4例の共通点は，企業が，アンケー調査などをとおした従業員の声に耳を傾け，その声に適切に対応した結果が，企業内保育所の設置であったということである。
　なお，ケース6の担当者は，「よい製品は，よい職場環境から生まれる」ことを仕事をするなかで学んだという。他の企業同様ロート製薬も売上が堅調で，当期純利益も過去最高を更新していることが報告されている[15]。ロート製薬上野テクノセンターは，三重県一を誇る社員食堂，企業内保育所や短時間勤務等の子育て支援等々，充実した労働環境の整備が，結果的に良い循環となっていることが推察できる。

③ **複数企業連携型**
　ケース7のポピンズナーサリースクール丸の内は，2010年4月に複数企業が利用可能な「法人型」保育所として，保育運営事業者が直営する複数企業向

け（「コンソーシアム型」）事業所内保育施設として開所した。企業が事業所内に保育施設を設置する場合，国や地方公共団体の補助を受けるためには，従来は設置する企業が自ら設置・運営主体となる必要があり，費用面および運営リスク面の問題に加え，設置場所の確保も困難なことが課題とされていた。こうした状況下，東京都の事業所内保育施設支援事業制度の一部改正（2009年4月）があり，保育運営事業者が主体となって設置・運営を行い，複数企業が利用契約をする「コンソーシアム型」事業所内保育施設が認められた。同施設は，保育運営事業者が主体となる「コンソーシアム型」託児所で支援事業制度に基づく補助の適用となる事例としては改正後の適用第1号となっている[17]。同施設では，株式会社ポピンズが施設の設置・運営を行い，複数企業と利用契約を締結することによって，各企業は利用人数に応じ必要な枠数分を購入することで，自前での設置費の負担や運営リスクなしに従業員に保育施設サービスを提供することが可能となっている。同施設には，東京に本社をおく3社（2011月11月現在）が利用していた。

　もう一例は，ケース8の協同組合広島総合卸センターである。

　設置までの経緯は，次のとおりであった。組合員から子どもを預けられる保育施設が少ないといった相談が増えていた。そこで，280社の組合員・準組合員に2010年11月にアンケート調査を実施したところ，①1〜2歳児がいる組合員が多く，保育施設の需要は大きいこと，②利用したい保育施設の条件としては，「家から近い」「会社近辺にある」が上位となっており，工業集積地で保育所を増やす必要性が明らかとなった。調査と併せて，協同組合による設置ではフロンティア的存在の「山形県の協同組合米沢総合卸売センター」も見学し情報収集等を行っている。設置場所，保育体制（市内で認可保育所を運営している園との共同）等の条件整備ができ，2011年度9月からの開園となった。受け入れ人数は，組合員企業の従業員分25人，一般分25人ずつ，計50人である。協同組合による保育所の設置は全国でも珍しく，新たな取り組みとして注目を集めている[18]。（以上，担当者による。）

　従来は，企業による単独設置・運営型が一般的であったが，上記2例は，

「コンソーシアム型」ともいえる「複数企業連携型」保育施設や共同運営型という新しい形の事業所内保育施設といえよう。

4　まとめと展望

　子どもの数は年々減少しているものの，保育所の数は子の保護者からの需要を充たしていない状況[19]にある。そこで，「企業でできることは企業で，あるいは法人や大学で」という意識が強まり，そのような流れのなかで，事業所内保育所の設置が増加傾向にある。

　坂東真理子は[20]，『女性の幸福』のなかで，「結婚・出産しても仕事を続けることが大事だ」と若い世代に向けてアドバイスをしている。しかしながら，国立社会保障・人口問題研究所の調査[21]によると，我が国では，出産により仕事を辞める女性が今なお6割存在するという。さらにいうと，結婚前就業していた既婚女性については，結婚後5年未満で就業している者は45.5％，専業主婦は53.9％だが，子をもちながら就業しているのは2割弱（18.6％），正規雇用に限ると11.0％である。前回調査と比較すると，結婚後5～9年で子どもをもつ就業者の割合が増加しており，子どもが比較的幼いうちから再就職する「既婚子どもあり女性（いわゆるDEWKS）」が増加傾向にある。ただし，正規雇用についての上昇幅は小さく，増加の大半は非正規雇用とみられる[22]。

　21世紀社会は，出産を経ても働き続けられる環境や，仕事を辞めても再就職できる環境の整備や，男性も女性も仕事と子育ての両立可能な社会の構築がさらに進められなければならない。その意味では，本章で取り上げた事業所内保育施設が果たす役割は決して小さくない。より柔軟な働き方や保育サービスがさらに整備されることにより，出産後に仕事を辞める，あるいは辞めざるを得ない，という選択をする女性を減らすことができよう。同時に，事業所内保育施設の設置は，男女共同参画社会構築に向けた企業メッセージ[23]であり，企業理念の具現化ととらえることができるだろう。

　以下，事業所内保育施設設置の意義をまとめておきたい。

第2部　企業・大学が取り組む子育て支援

4.1　企業の「見える化」への貢献

　事業主は，「次世代育成支援対策推進法」が定めるところにより，仕事と子育ての両立を図るために必要な雇用環境の整備等を進めるための行動計画の策定，都道府県労働局への届出，公表および労働者への周知が義務または努力義務となっている。また，同法では，企業の自発的な次世代育成支援に関する取り組みを促すため，認定制度があり，一般事業主行動計画を達成する等，一定の要件（認定基準）を満たした企業は，申請を行うことにより「子育てサポート企業（くるみんマーク取得企業）」として，厚生労働大臣の認定を受けることができる。

　厚生労働省は，「次世代法」に基づく「子育てサポート企業（くるみんマーク取得企業）」の認定状況と，「一般事業主行動計画策定届」の2012年7月末現在の届出状況を公表した（2012年9月24日発表）。それによると，全国の認定企業は1,301社（2011年7月末時点では1,121社），「一般事業主行動計画策定届」の届出数も69,690社に上り，調査開始（2007年度）以降最多となったことを報告している。なかでも，労働者「301人以上」の企業は14,503社（同14,021社），「101人以上300人未満」では31,212社（同27,515社）で，とくに2011年度から新たに策定が義務付けられた「101人以上300人未満」の企業の届出が増加し，届出率は9割を超えているという。

　本ケース8例のなかでは4社（井村屋，エトワール海渡，ロート製薬，オタフクソース）が「くるみんマーク」を取得していた。認定を受けた企業は，2011年度から税制優遇制度の対象となるほか，次世代認定マーク（くるみん）を商品，求人広告等に表示し，子育てサポート企業であることをPRすることができることになっている。

　たとえば，化粧品会社S社[28)]も，当社HP上のCRS・環境活動の項に，「事業所内保育所」というリンクを貼り，「企業が連携して子育て環境を改善していくという考えに基づき，主旨賛同の近隣企業へ定員枠の一部を開放している」と記している。

第6章　企業が取り組む仕事と子育ての両立支援

面接調査に協力してくれたFさんは,事業所内保育施設の是非について次のように述べている。

　保育所が見つからず途方に暮れていた頃,うちの会社にもカンガルーム（資生堂）のような事業所内保育施設があれば,社員はもちろんのこと,企業イメージも向上し,いいことづくしなのではなかろうか……と何度となく思いました。ただ,事業所内保育施設は子供が近くにいる安心感はありますが,通勤ラッシュの時間帯に子供と電車で都心に向かうことへのリスク・不安もありますが。私は,会社から年に一度ある社員へのアンケート等では,現場の声を届けるべく,率直な意見を述べて改善を要望しています。

以上のように事業所内保育施設の設置は,企業イメージの向上,従業員のモラール・アップや,それらにともなう生産性の向上,有能な男性女性の従業員の採用・定着やキャリア形成に貢献する。すなわち「企業理念の具象化」,「企業イメージの向上」,「企業の見える化」としての役割を果たしていることが示唆された。

4.2　明日への投資に向けて

本章では,病院内保育施設を含む事業所内保育施設に焦点を当てた。事業所内保育施設は,不足している認可保育所の単なる補完にとどまらず,従業員の育児と仕事の両立を保障するものとして重要な役割を担っている。それゆえ,個々の企業・組織・法人等にとって,ワーク・ライフ・バランスの取り組みは,単なるコストではなく,将来の成長・発展につながる「明日への投資」であり,経営戦略として重要な柱である。しかしながら,施設運営にかかる費用負担やさまざまなリスクが大きく企業側にのしかかる。そこで,先のケース7と8の2例でみたように,単独での運営ではない「複数企業連携型」（「コンソーシアム型」）保育施設あるいは共同運営型は,新たな事業所内保育施設の形となっていくと思われる。

115

第2部　企業・大学が取り組む子育て支援

　以上，子育て支援を目に見える形で示すことができる事業所内保育施設の存在は，企業のあらたな付加価値となるばかりか，「ゼロ歳からの保育・教育の場」という広義のソーシャル・キャピタル（社会関係資本）の一翼を担っているといえる。今後，公的責任で地域の認可保育所を増やすことも喫緊の課題であるが，事業所内保育施設の設置を推進することも極めて重要である。その際，企業に対する助成制度の弾力化・拡大を図ることによって，一定の基準は担保しつつ，事業所内保育現場の声を生かすなど，保育施設の設立・運営のための子育て環境整備の一層の充実を図ることが求められる。

＊謝辞：調査並びに資料収集に際して，井村屋グループ株式会社，医療法人社団有相会最成病院，オタフクソース株式会社，株式会社サマンサタバサジャパンリミテッド，協同組合広島総合卸センター，株式会社エトワール海渡，株式会社ポピンズ，ロート製薬株式会社様には多大なご協力を賜りました。心より感謝を申し上げます。また，インタビューに応じてくださった6名の皆さまに厚く御礼を申し上げます。
＊付記：本調査は，植草学園大学共同研究の助成を受け，2008年4月～2012年9月に実施したものである。

注
1) 内閣府・文部科学省・厚生労働省「子ども・子育て関連3法について」2012年9月，p.3
2) 的場康子「これからの事業所内保育施設」『Life Design Report』2010年，pp.28-3
3) 『平成17年版　国民生活白書』（内閣府，2005年，pp.183-185）は，「むすび」のなかで，「子育てが家族の責任だけで行われるのではなく，社会全体によって取組む，『子育ての社会化』が重要である。」と指摘している。
4) 林信二郎・岡崎友典『幼児の教育と保育』放送大学教育振興会，2007年，p.67
5) たとえば，「ドコモショップに保育所」『下野新聞』　2012年5月9日
6) 厚生労働省「認可外保育施設の現況」（2012年3月30日発表）によると，全国に3,788施設あると発表されている。／的場康子「事業所内保育所の現状と課題」『Life Design Report』（2004年，pp.16-23）によると，2001年度調査

第 6 章　企業が取り組む仕事と子育ての両立支援

結果となるが，現員規模別にみると，20 人未満規模の施設が全体の 7 割以上を占め，入所している児童数は 52,568 人，年齢別にみると 3 歳未満が約 6 割を占めている。

7) 厚生労働省・都道府県労働局「事業所内保育施設設置・運営等支援助成金」および「両立支援助成金支給要領（平成 24 年度版）」による。
8) 『日本経済新聞』広島経済版，2011 年 6 月 29 日
9) 本章 2.1 でみているように，事業所内保育所は，明治期に紡績会社をはじめ，いくつかの企業で託児所を設置したことに始まる。
10) 溝上憲文「人事戦略最前線」『労務事情』No.1060，2004 年，p.63
11) 「企業の子育て支援事例／エトワール海渡」『労政時報』第 3731 号，2008 年，p.10
12) 緑の丘福祉会 HP「社会福祉法人緑の丘福祉会のあゆみ」http://midorinooka.or.jp/ayumi.html
13) 高野良子・宮下裕一「少子社会における親の子育て環境に関する研究―大学内保育施設の設置に着目して―」『植草学園大学研究紀要』第 3 巻，2011 年，pp.37-45
14) ロート製薬 HP「女性がより働きやすい職場を目指して」http://www.rohto.co.jp/comp/news（参照 2012.10.14）
15) ロート製薬株式会社「会社案内」会社データ，2010 年 9 月現在データによる。
16) 丸の内地区や近隣地区就業者の利用で現在満室であり，さらに待機児童が 100 名を超えているとのことである。http://www.marunouchi.com/city/hospitality_11_01.html（参照 2012.11.30）
17) 三菱地所プレリリース「東京都事業所内保育施設支援事業の制度改正後，第 1 号」http://www.poppins.co.jp/company/pdf/news_16.pdf（参照 2012.11.30）
18) 『日本経済新聞』広島経済版，2011 年 6 月 29 日
19) 的場康子「事業所内保育所の現状と課題」『Life Design REPORT』2004 年，pp.16-23／「これからの事業所内保育施設」同上書，2010 年，pp.28-35
20) 坂東真理子『女性の幸福』PHP 研究所，2010 年
21) 国立社会保障・人口問題研究所「第 13 回出生動向基本調査」（2005 年調査）結婚と出産に関する全国調査夫婦調査の結果概要，p.11
22) 国立社会保障・人口問題研究所「第 14 回出生動向基本調査」（2010 年調査）によると，正規の職員として働く妻の割合には大きな変化はない一方，パート・派遣として働く妻の割合が増えている。
23) 厚生労働省 HP「仕事と生活の調和は進んだか」http://www.mhlw.go.jp/bunya/roudoukijun/sigoto-seikatu/meeting_03.html（参照 2012.11.23）

第 2 部　企業・大学が取り組む子育て支援

24) 資生堂 HP「事業所内保育所　カンガルーム汐留」http://group.shiseido.co.jp/csr/community/social/woman/kangaroom/（参照 2012.11.30）

「保活」事情

奥村仁見

● 保活とは

　都市部を中心とした待機児童の増加にともない，知力，情報収集力，行動力を必要とした「保活」が求められる昨今である。ワーキングマザー向けの雑誌のみならず一般誌でも「保活」の特集が組まれ，毎年秋から春先にかけてのネット上では，「保活」に関する状況報告，成功談，失敗談が飛び交う御時世となっている。

　保活とは，「保育所入所（保育園入園）活動」のことであり，産休，育休後に子どもを預ける施設を探す活動のことを指している。就職活動の略である「就活」，結婚活動の略である「婚活」[1]に続く，造語である。そして，保活の対象となる「保育所」（保育園）とは，「認可保育所」を指す場合が多いが，子どもを預けられるところとして「認証」「無認可」の施設も含まれることもある。

　以下，自らの保活経験をふまえ，昨今の保活事情についてふれてみたい。

● 復職時期が迫っているのに，保育所が見つからない──ワーキングマザーにきく──

　東京S区在住Oさん（民間企業フルタイムで勤務，第一子2006年12月生まれ，両親が遠方に在住）の場合，30代後半で出産し，1年の育休を経て，2007年冬に復職を希望するも認可保育所の0歳児クラスに空きが無く，育休を延長した。Oさんの会社は，保育所が見つからない場合は，1歳6か月まで育休を延長できる制度があり，復職時期を4月にした。2007年4月1日「1歳児クラス」に入所すべく，1次募集で第10希望まで書くも，入所はできなかった。夫婦ともフルタイム勤務で，所謂"ポイント"的には満点なので，何とかどこかにはひっかかるのでは…と楽観視し過ぎていたことを反省し，区役所に行って今後の対策について相談をした。認可保育所の2次募集（1次募集より定員は少ない）に応募するのと並行して，自宅から通える範囲・沿線にある認証保育所・無認可の保育所に手当たり次第電話をした。電話での門前払いはされなった10か所の保育所に見学の予約を入れ，順番待ちをしたが，結果的には認可保育所の2次募集も残念な結果となり，4月復職が難しくなったことを会社に伝えた。

　3月29日に順番待ちをしていた認証保育所より空きの連絡があり，4月1日より入所できることとなった。Oさんは，この電話を受け取った時の喜びを今も忘れられないという。会社は，5月1日付けで復職した。やっと入れた保育所

に，バスで20分かけて通った。

　認証保育所に通いながらも，認可保育所には希望を出しており，同年11月末に第一希望の保育所に空きが出て，翌月から転所することとなった。その後は，その保育所に通い続けている。

●保育所の種類

　保育所は，種類によって入所児の選考方法が異なる。認可保育所は，国が定めた設置基準（施設の広さ，保育士等の職員数，給食設備，防災管理，衛生管理等）をクリアし，都道府県知事に認可された保育施設である。運営母体は，必ずしも市町村ではなく，企業，社会福祉法人である場合もある。公的資金が投入されているので，保育料は世帯収入によって，月額は無償から5万円程度とされている。入所選考は，市区町村が行う。

　認可外[2]保育所は，認可保育所以外の保育所ということになる。設置基準は満たしていなくとも，保育の質も所によってさまざまであり，入所選考も各所が行う。たとえば，保育料は高いが，認可所では取り組みが無い様な英語・音楽・スポーツのプログラムを実施していたり[3]，365日24時間保育を行っているところもある。また，駅の近くや企業の敷地内，商業施設・マンション敷地内に併設されていたりする保育所も多い。預ける日数，時間数・時間帯（夜間は高い），年齢によっても異なるが，平日5日預けると月額は6万から10万円，場合によっては15万円もかかるところもある。ただし，認可外保育所のうち，都道府県や市町村が独自に定めた設置基準を満たしている施設の場合，たとえば，東京都の認証保育所，横浜市の保育室，川崎市の認定保育所などは，当該施設に通う世帯に対し保育料の補助金が出ている。

●認可保育所での保活

　認可保育所の選考は，市区町村の保育課（名称等はそれぞれ異なる）が行う。保育所は，定員をオーバーした場合，「保育に欠ける児童」を優先的に入所させる。「保育に欠ける」「保育を必要とする」度合いを点数化しているため，この点数を稼ぐことが認可所の「保活」である。

　かつて，コネや所長裁量枠があるとか，区役所の保育課に足繁く通って泣きつくとかという噂もまことしやかに流れていたが，現実は，非常に公平に行われているというのが，筆者の印象である。実際に，筆者が選考にもれた際には，電話で入所できた人の点数を開示され，入所できなかった説明を受けた。また別の日に窓口に行った際に，隣のブースでは「〇〇所で〇〇の空きがでたようだが，〇月〇日になっても次の人が入所していないのはなぜか」などの質問に対して，対応する役所職員の姿があった。

　「保育に欠ける」「保育を必要とする」度合いが点数化されており，各自治体が独自に設定している。名称こそそれぞれであるが，項目，点数に小さな差異があるほかは，共通点は多い。介護，学業，疾病・障害による項目を除き，共働き夫婦に関連がありそうな項目を抽出して，

essay 「保活」事情

筆者がまとめてみれば，大きく【基礎点】と【調整点】に大別される。

【基礎点】は，すべての保護者に対して，その就労等の実態を点数化するものである。たとえば，居宅外労働（外勤・居宅外自営）で月20日以上実働7時間以上の就労が常態であれば20点となり，8段階で最低が14点である。同様に居宅内労働（在宅勤務・居宅内自営）の場合は，月20日以上実働7時間以上の就労が常態で18点，8段階で最低が14点である。また，就労予定（求職中）は10点である。

【調整点】は，保護者の特定の事情について加点をするものである。たとえば，ひとり親世帯で同居の祖父母がいない場合は＋5点，育児休業取得により一度退所し，育児休業明けに再度入所申し込みの場合は＋5点，入所希望の保育所に兄弟姉妹が在所（4月入所の場合，卒所予定児を除く）場合は＋3点，産後休暇・育児休業（制度有）が明け復職する（外勤者に限る）場合は＋2点，待機期間が1年以上経過している場合は＋2点，同居する祖父母（65歳未満），兄弟兄妹等が休職中や保育に欠ける要件が確認できない場合は－3点等である。

一見すると条件の似ている親子でも，点数には違いがでてくるのだ。たとえば，いわゆる同じ共働き世帯でも，会社が認めている時短制度を利用したことによって，実働7時間以上の人より，1点下がってしまったり，兄弟が在所していることで加点があったりもする。また，

何とか職場復帰してしまったがために復職時の加点がされない場合もある。求職中であると非常に低い点数しか得られない。そのため資格職のような人であっても，「保育所に入所できなかったら，内定をいただけても辞退しなければならない」という不安のなか，就職活動をすることになる。

●認可外保育所での保活

一方で，認可外保育所では，自治体による選考もないため，入所選考は各所によってさまざまである。0歳児4月，1歳児枠は「先着順」がほとんどである。出産前に予約をし，より早い番号を確保することは珍しくない。認可所に申し込みをし，入所できたとしても，できるだけ早い時期に，認可外でも確保しておけば，復帰時期に目途が立つことになる。ただし，公的補助に限りがある認可外保育所は，保育料が割高な所も少なくない。

●保活問題の解決をめざして

現況の保活事情下では，なんとか認可保育所に入所をするために，待機児童にならないためのさまざまな「策」をろうさねばならない。各自治体の定める〔基礎点〕〔調整点〕を研究することは必須である。待機児童は，市区町村でばらつきがあるので，通勤には便利であっても，待機児童が数百人の激戦区にいるよりは，待機児童が少ない地区町村に移ったほうが入所できる可能性は高くなる。実際に，激戦区で今後も価値が下がらないであろうタワーマンションの住宅を購

入した知人は，住んでいた部屋を賃貸に出し，保育所を求めて引っ越しをした。

しかし，このように保活事情を熟知し，点数を稼いだり，早期に認可外施設に入所を決めたりして，自分の子どもは保育所に入れたとしても，定員が増えなければ，その分他の子どもが保育所に入れないだけの話である。待機児童数は変わらないのである。

筆者を含め，現在の20代後半～30代は，「就活―婚活―保活」の世代である。優秀で就活をしなかった，何の苦労もなく恋人を見つけ，自然と結婚をし，婚活を必要としなかったとか，経済力があり保育所ではなくベビーシッターを選択できる人はどの程度いるのだろうか。就職や結婚は人生の大切な挑戦・選択であるので，ある程度の努力や運を必要とするのは理解できる。就活や婚活の過程で，自分を見つめ成長することもあると思う。しかし，今のこの「保活」が親子にとって，社会にとってプラスに働くとは考えられない。さまざまな保育所の種類があって，自分の就労形態や希望する教育方針にあった保育所を選択するという意味での真の保活でなければならないと考える。

公立保育所をつくることが行政上難しいのであれば，新設の認証保育所を誘致したり，認証保育所へ通う世帯への補助金を増やすことは必要であろう。また，公立保育所の低い保育料を少し上げて，認証保育所，保育ママ，一時保育へのサービスの充実化を図っても有効であると考える。さらには，企業内保育を実施する企業は，市民の保育を担っている側面や，待機児童の解消役割も担っていることからも，運営費の助成[4]の検討がされてもよいのではないだろうか。

夫婦が安心して子ども（とくに第二子，第三子）をもつことができる道を早急に整備する必要がある。第一子の保活で苦労した夫婦は，保育所がみつからなかったら復職できないかもしれないという状況において，積極的に第二子をもうけるのはリスクが高すぎると考えるであろう。働きながら子どもを育てたいと考える夫婦が，保育所の心配をしないで子どもをもうけられる環境を切に願うのである。

注
1) 就職活動（就活）に見立てて社会学者，山田昌弘が考案，提唱した造語。
2) 認可外保育所（認可外保育施設）を「無認可」と呼ぶ場合もある。
3) 通常の保育時間に，外部講師による歌・英語・サッカー等のレッスンがあったり，送迎付きでスイミングスクールに通えたりする。保育園児が習い事をしようとすると，土日に限られるため，平日に保育園でそのようなプログラムが設けられているのは，親からするとありがたい。
4) 厚生労働省・都道府県労働局「事業所内保育施設設置・運営等支援助成金」および「両立支援助成金支給要領」（平成24年度版）によると，たとえば，運営費の助成期間は，最長で10年から5年に縮小され，保育遊具等購入費も2013年以降は廃止されるという方向が示されている。

第7章

大学が取り組む子育て支援
―大学内保育施設調査―

髙野良子

1 はじめに

　21世紀社会は，少子化対策が国家的課題のひとつであり，乳幼児を育てることを巡って，その意味やあり方に関するさまざまな角度からの取り組みがある。少子社会が進行する一方で，保育所への入所を希望しながら入所できない，いわゆる待機児童が急増し，子育て世代がキャリアを形成するうえで，困難な状況が生み出されている。序章で取り上げているように，厚生労働省によると待機児童の数は，2012年4月現在24,825人で2年連続して減少しているものの，都市部を中心にその数は依然として高い数値となっている[1]。

　そのようななか，企業・法人・大学等を含む事業所内保育施設の設置が進んでいる。乳児や幼児を保育する事業所内保育施設[2]は，企業等が従業員の子どもを対象として，事業所内または隣接地に設置する保育施設であり，国が認可する認可保育所とは異なり，児童福祉法の「認可外保育施設」扱いとなる。ただし，設置・運営に際しては，国による事業所内保育施設設置のための助成制度を活用することが可能であり，その運営や保育内容等は，都道府県，政令指

定都市等による指導監督の対象となっている。企業のみならず，大学内保育施設の設置も漸増傾向にある。しかし，先行研究としての，お茶の水女子大学いずみ保育所運営委員会や白井千晶らは個々のケースを検討[3]しているものの，大学内保育施設の設置が進んでいる背景および実態調査は十分になされていない。

そこで本章は，大学が取り組む子育て支援，具体的には，近年増加傾向にある大学内保育施設に焦点をあて，その設置状況を調査データに基づき整理し，大学内保育施設の意義を探ることを目的とする。検討の枠組みは，次節に示すように，フィールドワークおよびデータ収集を通しての分析である。なお，本稿での大学内保育施設とは，大学内または隣接地に設置する保育施設であり，利用対象は学生を含む大学内等の教職員もしくは一般を対象としている施設に限定し，単年度あるいは一時的開設の施設および授乳室などは除外した。また，前述のように，大学内保育施設を含む事業所内保育施設は，基本的には認可保育所ではないが，後述（図表7.2）するように大学内保育施設のなかには認可を得ているものもあり，それらも含め大学内保育施設として検討対象とした。

2 研究の枠組みと研究の方法

研究枠組みと方法は，フィールドワーク（現地調査）と量的調査の2方式より構成したが，ここでは，主として，現地調査およびデータ収集による分析を行っている。量的調査については，宮下・高野が別稿[4]にて報告していること，さらに安定したデータを得るために調査研究を継続中であることから，本稿では割愛した。

フィールドワーク（現地調査）等によるデータ収集
1. 調査の目的：大学内あるいは大学内に準じる保育施設の調査および資料収集により，設置年度，運営形態，設置の経緯等に関するデータを得る。
2. 調査の対象：大学内保育施設

3. 調査の時期：2008 年 10 月～2010 月 4 月
4. 調査および資料収集：現地調査 6 大学，大学ホームページ（各大学URL は省略）・総務部等への電話等によるヒアリング，社団法人国立大学協会「国立大学における男女共同参画推進の実施に関する追跡調査報告書」（第 5 回・6 回）2009・2010 年度版などを用いる。
5. 調査：大学内保育施設→6 施設（調査順）（早稲田大学）ポピンズナーサリー早稲田，（お茶の水女子大学）いずみナーサリー，（名古屋大学）こすもす保育園，（宇都宮大学）まなびの森保育園，（東京学芸大学）学芸の森保育園，（植草学園大学）植草弁天保育園
6. 担当部署へのヒアリング等による資料収集：5 施設（東京学芸大学，東京大学，津田塾大学，日本女子大学，慶應義塾大学）

3　子どもをめぐる状況と大学内保育施設設置の背景

　序章でも触れているが，厚生労働省の「人口動態統計（確定数）の概況」（2012 年 9 月 6 日発表）によると，2011 年度の出生数は，前年より 20,498 人少ない 105 万 806 人で，統計を始めた 1947 年度以降最少となった。また，1 人の女性が一生に産む子どもの平均数を示す合計特殊出生率は 1.39 で，前年と同率だったものの，1947 年の 4.54 人からおよそ 65 年間で大きく落ち込み，少子化が確実に進行している。日本のみならず諸外国でもこの傾向は見られるが，アメリカ，北欧，フランスなどのように出生率が上がっている国もある。出生率が回復した国々は，保育施設の整備や子育て世代への企業の支援制度の充実や男女の育児分担，子育て世代への財政的支援・税制優遇，父親休暇や育児休暇（休業）の導入あるいは改良など[5]により出生率の上昇に結びつけたことが指摘されている。

　それでは，このような少子化傾向は学校数にどのような影響を及ぼしているのであろうか。図表 7.1「幼稚園と小学校の数の推移」により，戦後約 60 年間

第 2 部　企業・大学が取り組む子育て支援

の学校数の推移（1950-2012年度）を確認しておく。学校教育法の第1条に定める8学校種のうち，微増傾向にあるのは，特別支援学校と大学であるが，ここでは幼稚園と小学校の数の推移をみておく。小学校の数は，1960年度の26,858校をピークに，児童・生徒数の減少等により学校数は減少の一途を辿っている。直近の2011年度と比較してみよう。たとえば，2012年度の幼稚園数13,170園は，前年比129園の減となっている。同様に，小学校21,460校は261校の減となっている。幼稚園と小学校に限定すると，1年間で390校・園，単純にいうと3年間で計約1,000の校・園が地域社会から統廃合などにより姿を消しているというのが，我が国の現況である。

それでは保育所数についてはどうであろうか。厚生労働省は，認可外を除く認可保育所数は，この7年間で1087施設増えているという。それにもかかわらず，本章の冒頭に記したように待機児童数は都市部を中心に依然高い数値となっている。少子化が進むなかで保育所利用数は減少し，既存の保育所のなか

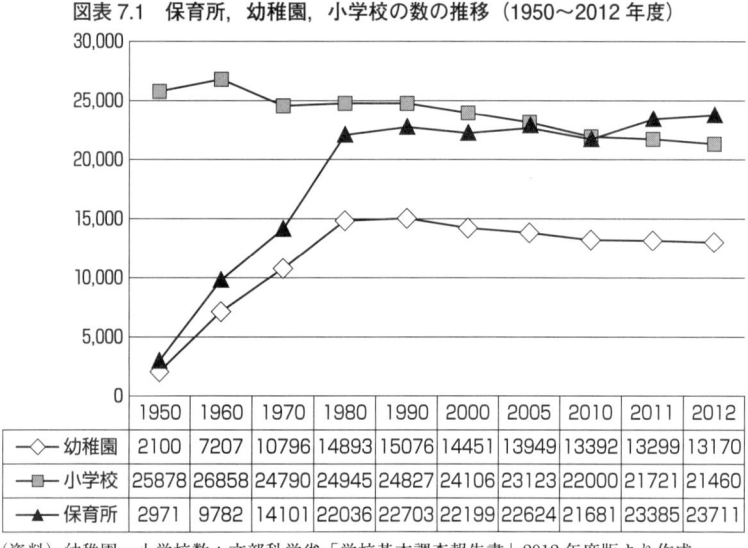

図表7.1　保育所，幼稚園，小学校の数の推移（1950～2012年度）

	1950	1960	1970	1980	1990	2000	2005	2010	2011	2012
幼稚園	2100	7207	10796	14893	15076	14451	13949	13392	13299	13170
小学校	25878	26858	24790	24945	24827	24106	23123	22000	21721	21460
保育所	2971	9782	14101	22036	22703	22199	22624	21681	23385	23711

（資料）幼稚園・小学校数：文部科学省「学校基本調査報告書」2012年度版より作成
　　　　保育所数：（1950～2000年）全国保育団体連絡会・保育研究所編『2012保育白書』
　　　　資料編 p. 278 より，（2005～）厚生労働省「保育所関連状況取りまとめ」より。

第7章　大学が取り組む子育て支援

でも80年代に定員割れの状態があったこともあるが，90年代に入ってから保育所入所希望者が増加し，子どもの数は年々減少しているにもかかわらず，保育所の数は全体としては需要を充たしていないのが現況なのである。

　このような待ったなしの状況に，大学内保育施設を含む事業所内保育施設の設置が漸増傾向にある。この背景には1999年6月に施行された「男女共同参画社会基本法」の制定がある。同法では，男女共同参画社会の実現を「21世紀の最重要課題」として位置づけ，性別による偏りのない社会システムの構築を目指し，それを受けて国や地方公共団体（自治体）によるさまざまな取り組みが進行している。しかし，『2010年版　男女共同参画白書』が指摘するように，「我が国における研究者に占める女性の割合は，緩やかな増加傾向にはあるが，平成21年3月31日現在で13.0％にとどまっており，諸外国と比べて低い」[6]ものとなっている。このような実態に鑑み，優秀な教職員の確保と男女共同参画社会の実現に資するため，法人としての取り組みの一環として，教職員の勤務形態に柔軟に対応するとともに，子育てをしながらその能力を発揮し伸ばすことができるような環境を提供するために，大学内保育施設の設置が進んでいると考えられる。

　「企業でできることは企業で，あるいは法人や大学で」と，率先して男女共同参画を実施しようという空気が強まってきているとみることもできるかもしれない。以下，事業所内保育所のなかで，増加しつつある大学内保育施設の設置状況をみていきたい。

❹ 大学内保育施設の設置状況

　まず本調査では，6大学の保育施設[7]の視察調査および資料収集を行い，設置年度，認可・認可外，利用対象，病児対応の可否に関するデータをまとめた。併行して，社団法人国立大学協会「国立大学における男女共同参画推進の実施に関する追跡調査報告書」を用いた。保育施設を有している大学の総務課や男女共同参画室への聞き取り調査および必要に応じて大学HPからもデータ

第2部　企業・大学が取り組む子育て支援

等の収集を行った。この調査では，大学内保育施設はまだ数が少ないことから，国立大学法人，公立および私立大学をあわせての現状分析をすることとする。

その結果，図表7.2に見るように，2010年4月現在52大学に72施設が存在していることが判明した。とくに，2002年以降，私立大学に加え，法人化した国立大学が次々に保育所開所へと踏み切っている。これら72施設は，設置年度，設置主体，運営方法は一様ではない。以下，72施設の設置年度，利用対象，対象児童の現況等を探ってみたい。

図表7.2　国立大学法人・市立大学・私立大学内保育施設の設置状況一覧（2010年4月現在）

設置年度	大学名	施設名	認可・外	利用対象	病児対応
1954	九州大学	まつぼっくり保育園	認可	＋地	×
1961	九州大学	杉の子保育園	認可	＋地	×
1964	東京大学	たんぽぽ保育園	認可	＋地	×
1965	京都大学	朱い実保育園	認可	＋地	×
1965	信州大学	富山大学附属病院保育所	認外	大学内	×
1967	金沢大学	つくしんぼ保育園	認可	＋地	×
1968	新潟大学	あゆみ保育園	認外	大学内	×
1968	名古屋大学	どんぐり保育園	認可	＋地	×
1968	名古屋大学	ひまわり保育園	認可	＋地	○
1968	神戸大学	はとぽっぽ保育所	認外	大学内	×
1970	京都大学	風の子保育園	認可	＋地	×
1970	津田塾大学	さくらんぼ保育所	認外	大学内	×
1971	日本女子大学	さくらナースリー	認外	大学内	×
1971	広島大学	広島大学病院保育園	認外	大学内	×
1971	長崎大学	長崎大学病院内保育所	認外	大学内	×
1971	鹿児島大学	あおぞら保育園	認外	大学内	×
1976	岡山大学	保育所「なかよし園」	認外	大学内	×
1973	三重大学	医学部附属病院内保育所	認外	大学内	×
1976	琉球大学	医学部附属病院授乳施設	認外	大学内	×
1977	名古屋大学	あすなろ保育園	認外	大学内	×
1982	山口大学	医学部附属病院保育所たんぽぽ園	認外	大学内	×
1994	秋田大学	千秋保育園	認外	大学内	×
2002	お茶の水女子大学	いずみナーサリー	認外	大学内	×

第 7 章 大学が取り組む子育て支援

2003	千葉大学	医学部附属病院さつき保育園	認外	大学内	×
2004	東京大学	駒場地区保育所	認外	＋地	×
2005	北海道大学	子どもの園保育園	認可	＋地	×
2005	東北大学	川内けやき保育園	認外	大学内	×
2006	東北大学	大学病院病児後保育室星の子ルーム	認外	大学内	○
2006	筑波大学	国立大学法人筑波大学ゆりのき保育所	認外	大学内	×
2006	千葉大学	やよい保育園	認外	大学内	×
2006	宇都宮大学	宇都宮大学まなびの森保育園	認可	＋地	×
2006	名古屋大学	こすもす保育園	認外	大学内	○
2006	高知大学	こはすキッズ	認外	大学内	○
2007	山梨大学	どんぐり保育園	認外	大学内	○
2007	富山大学	富山大学保育所	認外	大学内	×
2007	鳥取大学	医学部附属病院うさぎ保育所	認外	大学内	×
2007	旭川医科大学	大学の森緑の保育園	認外	大学内	×
2007	山形大学	山形大学医学部保育所	認外	大学内	×
2007	北海道大学	北大病院保育園ポプラ	認外	大学内	×
2007	群馬大学	ゆめのこ保育園	認外	大学内	○
2007	東京大学	東大病院いちょう保育園	認外	大学内	×
2007	浜松医科大学	医大保育所きらり	認外	大学内	×
2007	滋賀医科大学	あゆっこ	認外	大学内	×
2007	京都大学	病児保育室	認外	大学内	○
2007	京都大学	保育園入園待機乳児保育室	認外	大学内	×
2007	鳥取大学	医学部附属病院すぎのこ保育所	認外	大学内	×
2007	愛媛大学	あいあいキッズ	認外	大学内	×
2007	大分大学	なかよし保育園	認外	大学内	×
2007	宮崎大学	くすの木保育園	認外	大学内	○
2007	早稲田大学	ポピンズナーサリー早稲田	認外	＋地	×
2008	東京大学	本郷けやき保育園	認外	大学内	×
2008	東京大学	白金ひまわり保育園	認外	大学内	×
2008	東京大学	柏どんぐり保育園	認外	大学内	×
2008	東京大学	東大駒場むくのき保育園	認外	大学内	×
2008	弘前大学	岐阜大学保育園	認外	大学内	×
2008	岐阜大学	ひまわり保育園	認外	大学内	×
2008	広島大学	ひろだい保育園	認外	大学内	×

2008	大阪大学	たけのこ保育園	認外	大学内	×
2008	大阪大学	まきば保育園	認外	大学内	×
2008	徳島大学	徳島大学あゆみ保育園	認外	大学内	×
2008	香川大学	いちご保育園	認外	大学内	×
2008	佐賀大学	こどもの杜保育園	認可	＋地	×
2008	鹿児島大学	さくらっこ保育園	認外	大学内	×
2009	植草学園大学*	植草弁天保育園	認可	＋地	×
2009	福井大学	はなみずき保育園	認外	大学内	×
2009	埼玉大学	そよかぜ保育室	認外	＋地	×
2009	九州大学	乳児保育室	認外	大学内	×
2009	熊本大学	こばと保育園	認外	大学内	×
2009	慶應義塾大学	日吉キャンパス共生館	認可	＋地	×
2010	茨城キリスト教大学	認定こども園みらい	認可	＋地	×
2010	東京学芸大学	学芸の森保育園	認外	＋地	×
2010	名古屋市立大学	さくら保育所	認外	大学内	○
	52大学	72施設	認可 14 認外 58	大学内 = 55 ＋地 = 17	○ = 9

・塗りつぶし：私立大学の施設　　塗りつぶしなし：国公立大学の施設
・設置年度：開設・設置年度
・認可：認可保育所　　認外：認可外保育所（認証保育所含む）
・利用対象：大学内→教職員＋学生等，＋地→一般，もしくは教職員＋学生＋一般
・病児対応：○→病児（病後児含む）対応あり　　×→病児（病後児含む）対応なし
・＊：学内施設に準じると判断した施設。

4.1　設置年度：特徴的な「パイオニア型」

設置年度に注目してみよう。大学内保育施設の草分けともいえる「朱い実保育園」が京都大学に設置されたのは，「今から45年前の1965年4月」[8]のことである。その後，1970年代には，津田塾大学「さくらんぼ保育所」と日本女子大学「さくらナーサリー」が開園する。これら2つの大学は，創立100年以上の伝統ある私立女子大学である[9]。津田塾大学「さくらんぼ保育所」は，1970年代の後半に大学院生が自主的に始めた共同保育所が前身であり，現在は，「世代連携・理文融合による女性研究者支援の実施体制」のなかに位置づけられている[10]。一方，日本女子大学の「さくらナースリー」も，教職員のために1971年6月1日に開所している[11]。時代を先取りする画期的な発想の下

に，大学が経費を負担して働く母親のための「0歳児からの子育て支援策」により運営が始められている[12]。教職員や，学生の子育て支援に限定している点もこれら2つの女子大に特徴的である。つまり，仕事・教育・研究と子育ての両立，同時に女性の生涯学習の実現という点から，今日の男女共同参画の理念に合致した先駆的取り組みであったといえよう。

設置年度という点から区分してみると，大きくは，1950年代から1990年代までに設置されたグループと，男女共同参画基本法が施行された1999年以降，さらには，2003年に制定された「次世代育成支援対策推進法」や2006年度の「女性研究者支援モデル育成事業」の開始とともに設置されたグループとがある。この10年間では50施設増えている。設置時期でみると，前者は22施設，1999年以降の後者は50施設あった。とりわけ，特徴的な1950年代から1990年代設置のグループは，大学内保育施設の先駆的存在である。まさに「パイオニア型」と位置付けることができよう。

4.2 利用対象：特徴的な「地域開放型」

大学内保育施設は，設置主体と運営方法も一様ではなく多種多様な形態がある。たとえば，大学内にあり大学が保育運営委員会などを組織し運営に関わっているタイプや，大学が保育所開設のために土地を無償貸与し，認可保育所あるいは東京都の認証保育所として，社会福祉法人やNPO法人，あるいは民間の保育サービスを専門に行っている会社に業務委託をしているタイプなど，あるいは，認可外保育所として，設置も運営も大学が行っているタイプもあり，大学および地域社会の実情により運営方法は多岐にわたっている。ゆえに，設置主体や運営方法をひとつにまとめることは難しい。ここでは，認可・認可外保育所・認証保育所という形態にかかわらず，大学関係者の子どもに限定することなく，一般，つまり広く近隣の地域社会の子も受け入れ，「地域に開かれた大学内保育施設」というカラーを打ち出している大学内保育施設を3例見ておきたい。

まず，東京大学は2010年9月現在，4つのキャンパスに特色ある7つの大

第２部　企業・大学が取り組む子育て支援

学内保育施設[13]ももっている。たとえば「東大駒場地区保育所」は，早くは，1971年5月教職員組合を設置者とする乳児対象の無認可大学内保育施設が実現し，翌年には東京都と目黒区から補助金を受けるとともに地域住民の利用受け入れを行うようになり，地域に開かれた大学内無認可保育所というユニークな性格をもつ保育所を誕生させている。この「東大駒場地区保育所」は，2003年4月NPO法人東大駒場保育の会を立ち上げ，保育所の設置主体を法人に移すとともに，2004年9月から東京都の認証保育所となり現在に至っている。認証という性格からも，設置当初からの地域開放というスタイルを踏襲している。早稲田大学の保育施設は，先例の東大同様に東京都の認証保育所であり，地域に開かれていることからも，2008年時点で，入所待ちの乳幼児数は相当数に上っていた。

　次は，2010年4月に開園した東京学芸大学を取り上げる。東京学芸大学「学芸の森保育園」の理念には次のように書かれている。「1. 本学の男女共同参画の基本方針の第4『男女共同参画の精神に基づき，子育てを含む生活全般が仕事や修学と両立するように努める』ことを実現するために，教職員や学生の子育て支援を推進するための福利厚生施設である。」「3. 近隣地域の保育ニーズを受け入れ，本学の社会連携をはかります。」[14]と記されている。ここに，男女共同参画推進と地域開放が設置理念のなかに明快に示されている。

　3例目は慶應義塾大学である。2009年4月，同大日吉キャンパス協生館に横浜市認可保育所が開園している。大学広報室[15]によると，「キャンパスのある地区は，横浜市の中で2番目に待機児童が多い地区」「地域の子どもを広く受け入れる認可保育所を設置することは，全国的にも珍しい試み」としている。地域の子育て世代の支援を通して，大学の社会・地域連携活動の展開を謳い，地域に開いた保育支援施設の場を提供していることがわかる。

　今や大学は，地域社会との連携協力や交流の促進，人的・知的・環境資源等の地域貢献が一層求められている。その意味でも大学内保育施設はその目的のための役割を果すことができる施設である。これらの大学内保育施設は，本調査では，17施設あった。まさに，地域に開かれた子育て支援を目指した「地

第7章　大学が取り組む子育て支援

域開放型」ととらえられよう。

4.3　保育対象：特徴的な「病児対応型」

　入院を必要としない病後児を預かる「病児対応型」は，9施設あった。多くは，医学部をもつ大学が設置に踏み切っている。子どもの病気は，働く親の多くが体験するが，その突発さゆえに予定外の事態であるため，対応に窮する。なぜなら，37.5度以上の発熱や流行性の病気にかかった場合は，保育所に預けることができないからである。

　京都大学には4つの大学内施設を有しているが，そのなかの京都大学病児保育室[16]は，2006年度～2008年度科学技術振興調整費「女性研究者の包括的支援―京都大学モデル―」の事業の一環として設置され，病児対応の施設である。また，名古屋大学でも，多様な勤務形態に対応できる職場環境の整備として，育児短時間勤務制の導入や大学内学童保育施設の設置，病児保育室設置が検討され，2006年，大学内に「こすもす保育園」[17]を開園し，園内には病後児保育室も設置している。

　このように9例ではあるが，病（後）児保育室を設置し，看護・保育ができる環境を提供していることが明らかになった。

5　まとめと今後の展望

　本稿では，近年漸増傾向にある大学内保育施設設置の状況についてみてきた。その結果は，概ね次の2点にまとめることができる。

5.1　大学内保育施設設置状況と両立支援役割

　① 調査終了時2010年4月1日現在，国立大学法人と市立大学と私立大学が設置する大学内保育施設は，52大学に72施設あることを確認した。2009年度現在の大学数773校に占める保育施設設置大学の割合は，7％と低率であるが，漸増傾向にある。ちなみに，国立大学では2校に1校（52.3％）で設置されて

第2部　企業・大学が取り組む子育て支援

いる。また，設置年度については，当然のことながら政府の施策との関連がうかがえ，男女共同参画基本法が施行された1999年以降，さらには，2003年に制定された「次世代育成支援対策推進法」や2006年度の「女性研究者支援モデル育成事業」の開始とともに，この10年間で50施設増えていることが明らかになった。他の先進国に比して我が国の女性研究者の割合は低く，女性が研究を続けられる環境作りが課題になっている。そのようななか，大学は男女共同参画事業の一環として大学内に保育施設を設置することにより，仕事と子育て・学修（学業）と子育ての両立を支援する雇用と教育環境整備を推し進めている。

佐藤博樹は，「WLBが実現できる職場とは，働く人々が，会社や上司から期待されている仕事上の責任を果たすと同時に，仕事以外の生活でやりたいことや，やらなくてはならないことに取り組める状態を指す。」[18]と述べている。まさに，教育・研究・学修と子育てとの両立を支える大学内保育施設は，少子社会におけるワーク・ライフ・バランスの推進におけるロール・モデルとしての役割を果たしているといえよう。

② 72存在した保育施設の設置年度についてみると，1950年代から1970年代に設置された20施設は，大学内保育施設の先駆的存在であり「パイオニア型」に位置付けられる。保育対象の観点からは，入院を伴わない病後児を受け入れている9施設は「病児対応型」に分類できる。また，利用対象を大学内教職員・学生に限定することなく，地域の保育ニーズにも対応させている17施設は「地域開放型」といえる。「地域開放型」の増加要因については，運営や財源的側面も無視できないが，大学役割という点からとらえるならば，大学がもっている人的・物的・知的資源は，県や市町村などの地方自治体との連携や地域社会への開放あるいは受容を容易にする。今日，地域住民への公開講座，地元企業との共同研究や国際交流など，大学の知を地域に還元する広義の大学の地域貢献[19]が求められている。その意味からも，大学内保育施設は，各大学の特色を生かしながら，利用対象を教職員・学生のみとしてきた「従来型」から，広く地域住民の保育ニーズにも対応する「地域開放型」へ向かいつつあ

第 7 章　大学が取り組む子育て支援

ることが示唆される。今後は，子育て支援を通し，大学を地域社会に開くことも，大学のあらたな役割となるだろう。

5.2　今後の展望

　本章では大学内あるいは近隣に設置された，生後 57 日から未就学児の保育施設としての大学内保育施設の設置状況等を検討してきたが，教職員や学生らの小学生の子どもを預かる「学童保育所」を設置した大学はないのだろうか。調査を行った 6 大学の内，設置済と 2009 年 9 月から設置予定の大学がひとつずつあった。宇都宮大学と名古屋大学東山キャンパス内にある保育施設である。因みに前者は社会福祉法人立の認可保育所として運営し，後者は名古屋大学からの運営費と利用者利用料によって運営している保育施設を有している。名古屋大学の学童保育所[20]は，夜遅くまでかかる研究等に配慮し，一般の学童保育所よりも遅い午後 9 時まで利用できるなどの特徴を備え，子育て世代，特に女性研究者のキャリア形成へのきめ細やかな配慮がうかがえる。全国の大学のモデルケースといえよう。業種あるいは地域社会によって子育て支援は皆同じではない。社会全体で子育てを支える仕組みづくりがより一層さまざまに検討されなければならない。

　以上のように，働く親のための子育て支援が目に見える形で明示できる大学内保育施設の存在は，大学の付加価値となるばかりか，大学の役割は「ゼロ歳からの教育の場」という発想の転換をもたらすことになるだろう。学生が，学内で微笑ましい乳幼児の遊び場面や散歩場面に出会ったり，子育て中の保護者の日々の送り迎え場面を身近に目にすることは，極々近い将来，家庭や家族をもつ者としての自覚をうながし，少子社会を担う教育効果もあるかもしれない。子育て世代の女性や男性教員のキャリア形成の支援のみならず，大学のなかで乳幼児が育つことの意味は計り知れなく大きいといえよう。

＊謝辞　資料収集並びに調査に際して，早稲田大学，お茶の水女子大学，名古屋大学，宇都宮大学，東京学芸大学，植草学園大学の大学内保育施設関係者の皆様と

第 2 部　企業・大学が取り組む子育て支援

国立大学協会教育・研究委員会男女共同参画小委員会様には多大なご協力を賜りました。関係各位に心より感謝を申し上げます。

＊付記　本研究は植草学園大学共同研究助成金を受け，高野良子（共同研究代表者），宮下裕一（共同研究者）が行い，本稿は，『植草学園大学研究紀要』第 3 巻，2011 年に発表したものに，修正加筆したものである。

注
1) 厚生労働省「保育所関連状況取りまとめ（2012 年 4 月現在）」「保育所入所待機児童数調査（厚生労働省雇用均等・児童家庭局保育課調べ）」2012 年 9 月 28 日発表。
2) 森上史朗・柏女霊峰編『保育用語辞典（第 6 版）』ミネルヴァ書房，2011 年，p.35 を参照した。
3) お茶の水女子大学いずみ保育所運営委員会『大学のなかで，赤ちゃんが育つ』2005 年／白井千晶「大学内保育所の状況について」2008 年 http://homepage2.nifty.com/~shirai/pdf/hoiku.pdf（参照 2010.3.4）
4) 宮下裕一・高野良子「少子社会における親の子育て環境に関する研究　第 2 報―保育所利用アンケート結果をもとに―」『植草学園大学研究紀要』第 3 巻，2011 年，pp.95-102
5) 天童睦子「少子化・開発・再生産―共生の人間学に関する一考察―」『名城大学総合研究所総合学術研究論文集』第 11 号，2012 年，pp.100-101／OECD 編著，星三和子他訳『OECD 保育白書』明石書店，2012 年，pp.104-107
6) 内閣府『男女共同参画白書（平成 22 年版）』2010 年，p.101
7) 設置の経緯などの調査に応じてくれた保育施設は，6 大学である。なお，植草学園の保育施設については，認可保育所として地域住民に開かれており，「同大学および同短期大学との連携のもと，その目標達成につとめる保育園として開園した」ことが，「平成 21 年度事業計画」に明記されていることを受け，分類上大学内保育施設に準じるものと判断した。http://www.uekusa.ac.jp/pdf/scheme_book_21.pdf（参照 2010.3.24）
8) 加藤利三「京大保育所の 30 年」京大職組理学部支部機関誌『いちょう』1996 年，pp.95-20
9) 津田塾大学は，1900 年（明治 33 年），津田梅子によりわが国初の女子高等教育機関の一つである「女子英学塾」として誕生した。1948 年に学制改革と同時に「津田塾大学」へと発展し，2010 年には，創立 110 周年を迎える。（高橋裕子『津田梅子の社会史』玉川大学出版，2002 年による。）／日本女子大学校の開校式は，1903（明治 34）年 4 月 20 日に行われている。（『日本女子大学学

園事典創立100年の軌跡』日本女子大学，2001年，p.4による）。
10) http://www.tsuda.ac.jp/（参照 2010.11.7）／ http://cwr.tsuda.ac.jp/activities/support.html（参照 2010.11.7）
11) 日本女子大学『日本女子大学学園事典　創立100年の軌跡』2001年，p.137
12) 日本女子大学学寮100年研究会編『日本女子大学叢書4　女子高等教育における学寮』ドメス出版，2007年，p.263
13) http://www.iam.u-tokyo.ac.jp/hoiku/（参照 2012.11.20）
14) 国立大学法人東京学芸大学「学芸の森保育園ご利用案内」2010年，pp.1-19
15) 慶應義塾大学のこの保育施設は，立地条件もよく，地域の子どもを対象としているとのことであった。http://www.keio.ac.jp/index-jp.html（参照 2010.3.24）
16) 京都大学は，保育園入園待機乳児保育室を含めて，4つの施設を設置している。http://www.cwr.kyoto-u.ac.jp/hoiku_kaigo/byoujihoiku/
17) 現地調査に加えて，URLを参照した。http://www.kyodo-sankaku.provost.nagoya-u.ac.jp/cosmos/（参照 2010.11.28）
18) 佐藤博樹・武石恵美子編著『ワーク・ライフ・バランスと働き方改革』勁草書房，2011年，p.2
19) 近年，大学施設の地域開放，地域住民への公開講座，地元企業との共同研究など，大学の知を地域に還元する，いわゆる大学の地域貢献の取り組みが進んでいる。「日経グローカル」2009年11月16日。高島裕一ら「地域貢献活動を大学教員はどのように理解しているか―岩手県立大学総合政策学部の場合―」総合政策 7(2)，『岩手県立大学総合政策学』2006年，pp.71-185
20) 『中日新聞』『日刊工業』2009年9月2日

付論

高齢者の子育て支援
―祖父力・イクジイのいま―

髙野だいわ

1 はじめに

　高齢化率が24.1％（2012年現在）と，超高齢社会に突入した日本。4～5人に1人が65歳以上という現代のわが国において，高齢者問題が最大の懸案事項ともなる一方で，意欲あふれる高齢者の活躍もまためざましい。ここでは，この人材豊富な高齢者世代の子育て支援の可能性を考察したい。なかでも孫世代の成長を見守る，「イクジイ」の活動に焦点を当て，イクジイの視点から語ってみたい。現役時代には自分の子育ての多くを主に妻に任せてきたであろう夫たちの今，現代の「イクジイ」の孫世代への子育て参加についてみてゆく。
　まず，「イクジイ」という呼称であるが，国が公式な用語として使用しているわけではない。退職後も元気一杯に，かっこよく孫育てに係わる祖父（爺ちゃん）を「イクジイ」（場合によっては，「育爺」・「イクジィ」・「育G」[1]など）と呼び，いつの間にか市民権を得た言葉となっている。NPO法人ファザーリング・ジャパン ファウンダー／副代表で厚生労働省「イクメンプロジェクト」推進チーム座長や内閣府・男女共同参画推進連携会議委員等で知られる安藤哲

付論　高齢者の子育て支援

也氏のネーミングとの指摘もある[2]。この呼称が広く受け入れられた理由は，次の3点であろう。第一に，「イクジイ」という表現の大本は，年を重ねてもますます若々しく活躍している塩川正十郎元財務大臣（当時）を「塩爺」と呼んだ社会的風潮があると想像する。次に，現代的でかっこいい（＝イケてる）若い男，あるいはイケてる「面」をもつ若い男（＝メンズ）を「イケメン」と呼ぶことが一般化したことがある。そして，三番目に，厚生労働省が2010年に始動した「イクメンプロジェクト」をきっかけに，「子育てを楽しみ，自分自身も成長する男のこと」を「イクメン」と呼ぶことが一般化し，これら3つの表現・内容を併せ，「イクジイ」が広く受け入れられていると考える。「イクメン」の次は「イクジイ」となったわけである。そして実際に，なかには10家庭を支えるスーパー「イクジイ」や，自宅を「ほっとスペースじいちゃんち」の名称で月4回開放し，乳幼児連れの親子を招き交流できる場所を提供して活躍する「イクジイ」もおり，その活躍ぶりがラジオやテレビ番組等メディアで紹介されている[3]。

2　「地域」にいる赤ちゃんと高齢者
―高齢者と子育て支援

　国（文部科学省・厚生労働省）が認めている保育所・幼稚園に通う子どもたちの数について，同年齢の子どもに対する割合をどう評価するかを山縣文治が論じている[4]。2011年度ベースで国のデータから計算してみると，次のようになる。

　年齢を就学前全体（0～5歳）と3歳未満児（0～2歳）に大きく区分けし，昼間の居場所を，「保育所」，「幼稚園」，「それ以外」と三分すると，就学前全体（0～5歳）の32.2%が「保育所」，25.1%が「幼稚園」に行き，「それ以外」は42.7%となる。3歳未満児（0～2歳）で同様に列挙すると，22.8%が「保育所」，そして，「幼稚園」は0%なので，78.2%つまり約8割が，大雑把ではあるが，「それ以外」となる。

付論　高齢者の子育て支援

　山縣は，この8割の赤ちゃんに対する支援を重視している。保育所と幼稚園以外ということで，ではどこにいるのかといえば，当然にも「家・家庭」にいるわけで，「家・家庭」を取り巻く「地域」づくりが重要であるというのである。この指摘は，極めて自然である。

　つまり，高齢者はその地域に居り，イクジイのホームグランドは地域そのものである。したがって，地域にいる高齢者が，地域づくりや子育ての戦力（つまりイクジイ）になって活動するかどうかは，これからの高齢社会の日本を豊かなものに出来るかどうかの大きな分岐点であろう。「イクジイ」（「イクバア」）への期待は極めて当然なことと考える。

　子ども・子育て新システム関連3法案においても，イクジイ，つまりは高齢者に関係する「地域子育て支援拠点事業」「ファミリー・サポート・センター事業」等は，引き続き子育て支援事業の対象とされている。

　第1章でもみたように，「子ども・子育てビジョン」（以下，ビジョン）では，次代を担う子どもたちが健やかにたくましく育つことを応援すべく，「少子化対策」の考え方から，「子ども・子育て支援」の考え方へと視点を移し，社会全体で子育てを支えるとともに，① 地域子育て支援拠点の設置促進，② ファミリー・サポート・センターの普及促進，③ 特定非営利活動法人等の地域子育て活動の支援，④ 地域の退職者や高齢者等の人材活用・世代間交流育てを支え「生活と仕事と子育ての調和」を目指すもの，とされている。

　ビジョンでは，「目指すべき社会の政策4本柱と12の主要政策」が掲げられている。そのなかで，高齢者の活動として直接生かされる分野を含むものは，柱では「多様なネットワークで子育て力のある地域社会へ」，政策では「子育て支援の拠点やネットワークの充実が図られるように」および「地域住民の力の活用，民間団体の支援，世代交流を促進する」となろう。そして，それらの政策の内，イクジイが活動できる舞台としては，前述の ① から ④ 等があげられると考える。以下，こうした点について，活動状況の概要を述べてみたい。

2.2 地域子育て支援拠点事業

　この事業については，第3章で詳細に述べられており，ここでは，高齢者に係わる部分について述べていく。

　厚生労働省発行の「地域子育て支援拠点事業（実施のご案内）」には，「ひろば型」「センター型」「児童館型」ごとのさまざまな事業実施事例があげられている。このなかで，社会福祉学者の渡辺顕一郎は，地域の子育て支援拠点は，すでに全国で4,000カ所以上に達しており，この活動の充実は，実施主体の市町村や親子に直接かかわる支援者の努力と力量にかかっているといい，地域子育て支援拠点事業の機能及び支援者の役割として，支援者の「学び」「支え」「親子の力を引き出す」の点をあげている。「子ども同士や親同士を結びつけ，世代を超えたボランティアにも働きかけて，地域全体で子育てを支える取り組み」がなされているのだという[5]。ここにあげられた実践例から高齢者のかかわる例をみてみよう。

　まず，同事業「ひろば型」の祖父母の具体的な活動例として，「おやこの広場びーのびーの」（神奈川県横浜市，NPO法人びーのびーの）でのシニアボランティア（ピアノ演奏・指導，遊びなど），「子育てランドあ〜べ」（山形県七日町，NPO法人やまがた育児サークルランド）での孫連れの祖父母との交流，つどいの広場としての「ひだまりサロン」（長野県飯田市，名古熊老人憩いの家）での高齢者との交流などがある。また，「児童館型」である「速川児童館＆親と子のともだちサロンはやかわ」（富山県氷見市，社会福祉法人速川福祉協会）の「放課後児童クラブ」では，県の「子育てシニアサポーター」の認定を受けたボランティアがさまざまな指導にあっている例が出されている。

　この，シニアボランティアだが，北日本新聞によれば[6]，富山県が5年前から同サポーターの養成・登録を行っており，現在は約660名（男性は1割）が，保育所や子育て支援センターで，「イクジイ」「イクバア」として，ままごと・おもちゃ遊び・さつまいも掘り・鮎のつかみ取り・団子つくり・カルタ取り等で活躍していることが報告されている。

付論　高齢者の子育て支援

　こうした支援者の活動は，利用者と地域をつなぐ「支え」であり，世代を超えた地域の人々による地域交流であるといえよう。たとえば，「横浜市金沢区子育て支援拠点事業5か年の振り返り」によれば，祖父母向けに「孫の句」を紹介・募集したことで祖父母が拠点に来るきっかけになり，とくに祖父の利用が増え，2008年度306人，2010年度424人と報告されている。この「孫の句」を募集・発表している拠点は同区子育て支援拠点である「とことこ」であり，2012年度も10月11日に作品を公表している。「別れぎわ 孫に声かけ ではまたな」[7] などは明らかに「近住」の「イクジイ」の作と想像される。
　ところで，2011年度の地域子育て支援拠点事業実施箇所数（子育て支援交付金交付決定ベース）が，5,722カ所であることを鑑みれば，多くの祖父母が係わり，ボランティア活動がなされていることがうかがえる。

2.3　ファミリー・サポート・センターの普及促進

　次に，第2章で詳述されているファミリー・サポート・センター事業におけるイクジイの係わりについて述べていこう。
　女性労働協会の報告[8] によれば，同センターの全会員数は41万4,742人，そのうち提供会員8万4,385人（20.4％），依頼会員29万6,195人（71.4％），両方の会員が34,162人（8.2％）となっている。提供会員を年代で二分すると，60歳以上が34.6％を占める。これを50歳以上とすると62.0％となり，「ご高齢の方」が頑張っていることが理解できる。前掲の富山県のシニアボランティアだが，同じく北日本新聞[6] によれば，富山市のファミリー・サポート・センターでは，提供会員の4割弱が60歳以上で，近年は，定年退職を機に夫婦で会員になる例も目立つとのことである。
　同女性労働協会の報告では，男性の提供会員は3,535人で4.2％となる。まだまだ数としては多いとはいえないが，その内訳としては，50歳代が13.5％，60歳代が41.2％，70歳代が25.3％と，団塊の世代を中心に，「イクジイ」が活動していることがわかる。
　では，一般的にはどんな活動をしているのかを何カ所かのファミリー・サポ

ート・センターの例からあげてみよう[9]。①《学童保育後に迎えに行く》，②《途中の公園等で遊ばせる》，③《①や②の後に習い事の場所まで送る》，④《①〜③の後に自宅で預かる》，⑤《食事の世話やお風呂に入れることもある》，⑥《時には誕生日にケーキを作ったりバーベキュー大会などの年中行事的なことをする》，⑦《寝かしつける》，⑧《要望に応じて「お泊り」もある》，⑨《日中の一時預かり》，⑩《本やおもちゃを使って（場合によっては「作って」）の遊び》，⑪《預かっている間の安全確保とコミュニケーション》，などである。

第2章で述べられているように，「イクジイ」は，イクバアとともに，育児に携わる親を，物理面だけでなく精神面でもサポートするネットワークの一翼を担い，子どもの安全を見守り，地域の力と絆を高める働きをしていると考えられる。宮木由貴子は，これを「助育」という視点でとらえている[10]。正にそのとおりであると考える。

3 メディア発信とNPO等の活躍

地域の子育て・孫育てに係わるイクジイ関係の書籍や雑誌は多数ある。またマスコミを含めての情報関係，団体や関係機関等も然りで，時とともに増加するであろうことを考えれば，とても網羅することはできない。ここでは，恣意的にならざるをえないが，いくつかの事例を，「雑誌」，「Web site」，「団体」に分けて取り上げていく。

3.1 雑誌

隔月発行の雑誌『孫の力』（月刊ソトコト増刊，木楽舎）が2011年の7月にスタートして話題となっており，発行部数は5万部超えるといわれている。孫専門雑誌がここまでシェアを伸ばす理由は何であろうか。4〜5人に1人弱が65歳以上の高齢者という高齢社会の日本において，年金・医療・介護の分野のビジネスが拡大するのはすぐにわかる。そして考えてみれば「灯台下暗し」で，

高齢者向けの『孫育て』の雑誌がなかったわけである。内容・装丁はもちろんだが，「孫の力」というネーミングと具体的な活動内容が読者を引き付けていると想像する。

書店で『孫の力』を手にする「おじいちゃん」の様子を観察するとわかるが，「おじいちゃん」は，一昔前の「御爺ちゃん」ではなく，背筋をピンとさせた「現役」風である。『孫の力』発行元が大手百貨店と提携して，「孫の力 幸せコレクション」と題する孫の身の回りの商品を売り出すイベントや写真展等を企画し，孫・親・祖父母の三世代交流を図るのもうなずける[11]。

3.2　Web site

月刊「孫育て上手」(http://www.yuchan.net/yuchan/mago/) は，"スローな子育て"をテーマにした妊娠・出産・子育て情報サイト「ユウchan」内の祖父母向けコンテンツである。2004年のオープンで，妊娠中の孫から始まり，孫との接し方・育て方等，広範囲にわたる情報・技術が掲載されている。元々のスタートは1996年のインターネット・ホームページ「ゆうちゃん」で，2003年に，絵本とおもちゃで子育て・孫育て「ユウchan」とした㈱サン・アート　ユウchan編集室，編集長：棒田明子)。オープン以来，新聞やＴＶで度々取り上げられている。

また，ママ中心だが，子育てのファミリー，祖父母を含めたファミリー全員を幅広く対象とし，子育て・孫育てに係るさまざまな分野を網羅する応援サイトが，子育て関係企業，ミキハウス子育て総研の運営するHappy-Note.com (ハッピー・ノートドットコム) である。そこでは，さまざまなアンケートをWeeklyゴーゴーリサーチとして逐次実施し，サイト上に，その分析結果を提供している。ママ，パパと祖父母とのギャップ等，孫育ての興味深いデータなどが出されている。同社では，テイクフリーの情報誌「Happy-Note」を年4回 (特別号は別に1回)，年間17万部発行している。

大手コミュニケーション関連企業によるものとしては，「育Ｇ新聞」がある。祖父母と親世代・孫世代の交流に着目した社内横断プロジェクト「育Ｇ

付論　高齢者の子育て支援

（イクジー）プロジェクト」の活動第一弾として，2012年3月に発足したオリジナルコンテンツ（経済情報誌にも紙面掲載される）である。

孫育て一般，祖父母世代と孫世代の交流に興味をもつ企業とのタイアップ企画に取り組んでおり，後述の「NPO法人ファーザーリング・ジャパン」，「NPO法人孫育て・ニッポン」とも連携している。

ところで，「dentsu NEWS RELEASE」（平成24年5月29日）によれば，1947年～49年に生まれた団塊世代のファーストランナー（1947年生まれ）の男性のほぼ4人に1人（24.0％）が，65歳以降の生活の中心が「仕事」と答えているという。このことは，企業で「イクジイ」を育成する取り組みが大変重要でかつ急務であることを示唆しているのではないか。

3.3 団体

団体として，まず（社）日本助産師会を取りあげる。同会は，月1回，父母や妊婦だけではなく，祖父母をも対象とした内容で，「楽しい子育て・孫育て」の講座を東京で開催している。そこでは，育児の専門家からの具体的なアドバイスはもちろん，親世代と祖父母世代の違いを意識した内容が実施されており，同様の講座は，各県の助産師会でも取り組まれている。同時に，子育て・孫育てを支援する団体等と積極的に連携して活動している。

さらに，同会は，祖父母（「イクジイ」「イクバア」）が孫の育児にどう係わっていけば，祖父母・孫・両親の三者がハッピーになれるか（トリプルハッピー）を具体的に示した，孫育ての手引書「はじめての孫をむかえる人のための　おまごBOOK」を2010年に出して話題となった。現在は，同手引きを「おまごミニBOOK」として，広く一般に供している。

兵庫県で出している「～子どもは地域の宝物～地域孫育て実践読本」にも同手引きの「トリプルハッピー」が引用され，解りやすく図示されている。

次に，NPO法人を取りあげたい。まず，イクメンを支援しているNPO法人ファーザーリング・ジャパン（代表理事安藤哲也）だが，2011年4月から，「笑っているおじいちゃんが社会を救う」をスローガンに，「イクジイプロジェク

付論　高齢者の子育て支援

ト」を立ち上げ，全5回，隔週月曜日（夜間），1回2時間の「イクジイスクール」を開講している。「イクジイ」を「孫育てや地域の子どもを預かること」だけと狭く考えるのではなく，現役時代の経験とスキルを社会に還元し，次の世代に伝えていくことを目的にしている。当然，孫がいなくても受講は可で，子育て・孫育て・社会貢献に関心のある「ジイ」を対象としている。

したがって，同プロジェクトでは，自分や地域の孫育てに関する技術的な問題はもちろんだが，現代の子育て事情や課題も体系的に学び，中高年を元気にすること，中高年の意識を改革すること，世代間の交流と相互理解・親の補完を進めること，地域の活性化や安全を図ること，地域の教育力を向上させること等を目標に活動しており，参加している「イクジイ」の具体的な来歴や活動も紹介している。また，メールマガジンでは，最新の孫育て情報も配信している。

ファザーリング・ジャパンは，「イクメン」と「イクジイ」が協働して次世代や地域社会を育て，「イクメン」が，かっこいい「イクジイ」になれるようにとの長期の目標も掲げており，新聞やTV等に紹介されてもいる[12]。

2つめのNPO法人としては，さまざまな提言を通して，「男女共同参画社会の形成」を促進することを目的として2004年に設立された「NPOエガリテ大手前」を取り上げたい[13]。同NPOは，2010年からは，全国で「男2代の子育て講座（ソフリエ・パパシエ資格認定）」「祖保母のための子育て今昔物語」「遊びの鉄人―あそぶぎょう」などの研修を実施し，「ソムリエ」をもじった「ソフリエ」，「パティシエ」をもじった「パパシエ」なる名称等で，「イクメン」・「イクジイ」と並び大きな話題となっている。

また，「家族ぐるみ・地域ぐるみの子育てさがし」「ソフリエになって地域デビュー」といった，「イクジイ」の地域活動（たとえば託児ボランティア）を目指したイベントなども実施している[14]。

同NPO代表の古久保俊嗣氏によれば，団塊世代の大量引退や少子化問題が議論になっていた2006年，「なぜ少子化が進行するのか？」「若者たちが子供を産み育てることができないのは何故か？」という問題意識をもって，二世代（「母親層」「祖母層」「祖父層」）に聴き取り調査（首都圏の349人）を実施し，次

の結論を得たという[15]。

- a　母親層が，家族（祖父母層など）に育児を手伝ってもらいたいと考えている。
- b　祖父層が，孫育てに参画してみたいと思っている。
- c　祖母層と母親層が，祖父層は育児の知識経験がないために，とても育児を任せられないと考えている。

そこで，氏は「ソフリエ検定講座では，実技実習をふんだんに取り入れた実践的な内容になっている。『基礎編』では，ソフリエの心得，子供の成長と発達などの知識と意識を，『日常編』では，抱っこ，オムツ替え，寝かせつけ，着替え，身体の手入れ（鼻，耳，目，爪）などの実技を，『安全編』では，衛生や医療の知識に加えて，誤飲時の処置や人工呼吸などの救命法や，産褥期の母親の心身のケアについても学ぶ」「『ふれあい編』では，沐浴，ベビーマッサージ，遊びの実習などが含まれている。そして，昼食をはさむ『調理実習』では，離乳食と一緒に参加者の昼食を作って，後片付けまで済ませる」という。

同法人では，育児を手伝う「イクメン」，手伝うのではなく独立して育児が出来る「パパシエ」（マスター・オブ・イクメン），育児のプロの「ソフリエ」（祖父層らしい知恵や経験を加えたドクター・オブ・イクメン）の上に，「キング・オブ・イクメン」として「イクジイ」を位置づけている。自分の孫だけでなく，地域の乳幼児の育児や教育に積極的に参加する「スーパーじいさん」が「イクジイ」であるとしている。

だから，そうした「イクジイ」になれるように，まずは祖父層を家事・家庭へと向かわせ，それをきっかけに地域社会への活動へと結びつけ，こうした活動を通して，現役世代のワーク・ライフ・バランスの実現を助けたいと考えるのが，「ソフリエ」制度の最終目標であるというのである。

そのために，同法人は，各都道府県の子育て支援機関・団体等と，幅広く連携し，講座や講演会の開催，講師の派遣等を精力的に展開している。

次に，NPO法人孫育て・ニッポンであるが，同NPOの設立は2011年で比較的新しく，組織には前述の日本助産師会や前述のファザーリング・ジャパ

ンの関係者も加わっており，子育て・孫育てにおいて，こうした組織等と密接に連携した活動を展開している。

理事長の棒田明子氏は，前述の月刊「孫育て上手」で触れた「ユウchan」の編集長であり，NHKラジオ第一のラジオビタミンの出演，子育て・孫育て講演会やテレビ番組の講師[16]等，活動の幅は広い。また，日本助産師会の孫育ての手引書「はじめての孫をむかえる人のための　おまごBOOK」「同おまごミニBOOK」にも協力している。

同法人は，「孫育て講座　指導者向け講習会」等の実施や全国の孫育ての情報を提供し，孤立しない子育て，「祖父母力」や地域のサポートを生かした社会づくり，地域のおじいちゃん・おばあちゃんの力を生かした社会づくりを目指している。

さらには，NPO法人以外として，シルバー人材センターをあげたい。地域の退職者や高齢者等の人材活用組織としての同センターの出発は，1975年に東京都江戸川区で高齢者事業団が作られたことに始まる。その4年後には国の補助対象事業となり，組織は社団法人シルバー人材センター協議会（現在の社団法人全国シルバー人材センター事業協会）となった。1986年には「高年齢者等の雇用の安定等に関する法律（高齢法）」により，シルバー人材センター事業が法制化された。

原則として60歳以上なら会員になれ，働いた分の配分金を受けるので，今風に簡単に言ってしまえば，有償ボランティアの精神が基本になっている仕組みである。仕事の内容は，一般作業から特技を生かした技術・技能，折衝外交，事務そしてサービスといった分野と，対応可能な分野は広範である。

育児は，サービス分野に入っており，具体的には，保育施設の送迎，幼稚園・保育園終了後の保育，両親外出中等の留守中の保育，保育施設内の保育補助，学童保育指導員補助，学童の送迎等である。同センター企画情報部によれば，育児支援分野での「受注」は2000年の762件に対し，2011年は15,592件と，約21倍になっている。社会状況はもちろんだが，2004年「少子化社会対策大綱に基づく重点施策の具体的実施計画について」（少子化対策会議決定）

で,「高齢者の就労機会・社会参加の場を提供するシルバー人材センターにおいて,乳幼児の世話や保育施設への送迎などの育児支援,就学児童に対する放課後・土日における学習・生活指導等の支援を行う。」とされたのも追い風となっているとも考えられる。

また,同センターが市と連携して,空き店舗を活用して子育て施設を運営している例として,埼玉県草加市にある『親子のひろば「のび～すく旭町」』(2003年開所),『親子のひろば「のび～すく青柳」』(2007年開所),がある。2カ所めの「のび～すく青柳」開設にともない,最初の施設を「のび～すく」から「のび～すく旭町」とした[17]。この事例は,NHKのEテレでも放送されていたが,「のび～すく青柳」では,62歳から76歳までの高齢者10名がスタッフとしており運営しており,先頭に立っている方は「イクジイ」であった。子育てはもちろんのこと,地域の若い親子の相談も受け,皆さんが一緒になって子育て(=孫育て)を楽しんでいる姿がある。まさに,地域活性化の「域爺」(=イキジイ)・「域婆」(=イキバア)として活躍している姿である。「イクジイ」「イクバア」による子育ての知識と能力を生かした就業であるとともに,地域社会への貢献,世代間の交流,若者世代の負担軽減,楽しい子育ての環境作りに大きな役割を果たしているといえよう。

最後に,社会福祉協議会や自治体等の活動事例をあげる。埼玉県本庄市社会福祉協議会が実施した講座の名称は,"イクジイメン"養成講座(「育児」+お爺ちゃん+Gメン)[18]である。子育てサークルや日赤埼玉県支部,障害児・者家族を対象とした講座で,「子育て」のコツを修得したかっこいいイクジイの養成を目指している。

神奈川県藤沢市社会福祉協議会では,老人福祉センター(いきいきシニアセンター)を会場に,NPO法人(エガリエ大手前)から講師を招き,丸1日かけて,「おじいちゃんとパパの男2代の子育て講座」を実施し,修了者には,前述の「ソフリエ」資格の認定書が授与されているという[19]。

奈良県揖斐郡太子町の社会福祉協議会では[20],行政と連携して,「託児ボランティア養成講座」を開催し,イクジイ,イクバアの養成,子育て支援をして

付論　高齢者の子育て支援

いる。

　千葉県男女共同参画センター（旧ちば県民共生センター）では，「一歩先を行く男の子育て孫育て」[21]として，NPOからの講師を招き，家庭の危機管理やワーク・ライフ・バランスについてパパ・じじに出来ることなどの研修が行われた。

　奈良県では，多世代子育て推進事業～みんなで子育て・孫育て～において，「シニアのための子育て理解セミナー」や「初孫準備講座」[22]が行われ，世代間のギャップ解消や子育ての技術面の研修が行われた。

　神奈川県川崎市では，シニアの社会参加事業として，NPOとも連携し，「孫育てからた育てへ」[23]を実施し，自分の孫だけでなく，地域の子どもたちの「イクジイ」「イクバア」として子育てを見守ろうとする「た（他）育て」を提唱している。

　東京都荒川区においては，区の社会教育課が，地域の子育てサポーター養成講座として，「子どものお助けマン『あらG』（荒川区の育爺）になろう」[24]を実施した。講師は，自宅を「子育てひろば」にしてしまった大田区のスーパー「イクジイ」，社会福祉協議会および社会教育課の人々であり，ここでは「イクジイ」ならぬ「あらG」の養成で地域の子育てを応援しようという意気込みである。

　江東区においても，男女共同参画センターの主催で，NPOから講師を迎え，パルカレッジ公開講座（秋）「Let's enjoy 子育て・孫育て そして自分育て」[25]が実施された。

　ところで，こうして登場する「イクジイ」を保育園のボランティアとして募っている例も多々ある。たとえば，千葉県市川市（「中高年保育ボランティア事情」）・栃木県黒磯市（「おじいちゃん保育事業」）などである[26]。

　埼玉県川口市では，「イクジイ」を広く知ってもらうための啓発活動として，男女共同参画情報誌の特集として「イクジイ」を取り上げている[27]。

　このように，自治体（知事部局や市町村，市町村の教育委員会や男女共同参画担当等）が主催者となっての講座・情報提供あるいは団体等との連携は，枚挙にいとまがない。

老人クラブ連合会でも，積極的な取り組みをしている。福島県では，郡山市と会津若松市で，「祖父のための孫育て講座」を同県老人クラブが，NPOの協力で開催している[28]。

企業においても，孫と一緒に過ごす時間や機会が増える「イクジイ」に注目し，「イクジイ」のニーズや消費に合わせて，「イクジー会員制」の導入，「イクジイ」の割引制実施，「イクジイ」と孫に焦点を合わせたアイテムの販売等が行われている[29]。

4 おわりに

急激な速度で進む少子高齢社会の現実と，将来に自信をもてない一部の若者を見る時，われわれ大人が，理想や「あるべき論」を語って今を嘆くことは簡単だが無責任である。団塊の世代が高齢期に入り，仕事から「家庭」・「孫」に目を向けるようになった今こそ，次世代の育成に向けて，今日明日の子育て・孫育てを具体的にどう進めるかを考え実践し，家庭や地域社会の活性化につなげていかなければならない。そうした視点から，子育て・孫育て局面における高齢者（「イクジイ」「イクバア」）をみるならば，今後ますます，社会への貢献が期待されよう。

注

1) 電通コーポレート・コミュニケーション局広報部「dentsu NEWS RELEASE」2012年3月15日
2) 明橋大二・吉崎達郎『子育てハッピーアドバイスようこそ初孫の巻』1万年堂出版，2012年
3) TBSラジオ　土曜朝イチエンタ（2011年12月10日），TBS　TV　情報7daysニュースキャスター（2012年10月20日）
4) 山縣文治「就学前の親子の支援について考える」甲南女子大学『子ども学』第12号，2010年
5) 渡辺顕一郎「地球の子育て支援地点の機能，役割，活動とは」厚生労働省『地域子育て支援拠点事業　実施のご案内』2007年，pp.3-4

付論　高齢者の子育て支援

6）北日本新聞『「イクメン」ならぬ「イクジイ」「イクバア」子育てに高齢者パワー』2012年1月9日
7）『とことこ通信』「とことこ」横浜市金沢区子育て支援拠点　2012年11月
8）一般財団法人女性労働協会「ファミリーサポートセンター活動状況調査報告　平成22年度」
9）・高松保育所・高松第2保育所子育て通信「おうまのおやこ通信」Vol.205
　・『中国新聞』奮闘「わが孫のようじゃ」2011年8月11日
　・YOMIURI ONLINE（読売新聞）「支え　支えられ子育てを」2011年10月6日
　・『日本経済新聞』「退職後は地域のイクジイ」2011年10月26日夕刊
　・『朝日新聞』「「イクジイ」育児に頼もしい」2011年7月15日
10）宮木由貴子「「助育」としてのファミリーサポート制度」第一生命経済研究所『LIFE DESIGN REPORT』2006年5-6月
11）東武百貨店・木楽舎主催「東武百貨店×雑誌『孫の力』「幸せコレクション」」
12）・テレビ朝日　スーパーチャンネル「頑固オヤジがオムツと格闘!?」2012年1月30日
　・NHK総合テレビ　視点論点「"イクジイ"が社会を変える」2012年1月27日
　・名古屋テレビ，UP！「イクメンだけじゃない！期待高まる"イクジイ"」2012年3月2日
　・テレビ東京NEWアンサー「孫育てに熱中イクジイ　オムツに散歩　新米奮闘記」2011.12.22
13）NPOエガリテ大手前『祖父ソフリエになる新米じいじ初めての孫育て』メディカ出版，2011年
14）・『西日本新聞』「育児する祖父「ソフリエ」NPO法人　各地で講座，浸透目指す」2011年10月1日
　・『朝日新聞』「めざせイクジイ」2012年5月8日，同　前掲　2011年7月15日
　・『日本経済新聞』「地域の戦力に」2012年10月20日
15）古久保俊嗣「ソフリエのすすめ」『家庭科資料』第48号，実教出版，2012年2月15日
16）・NHK教育テレビ「となりの子育て」2010年9月18日
　・NHK　Eテレ「団塊スタイル　今どきの孫育て事情」2012年7月13日
17）埼玉県草加市「地域活性化ハンドブック2008 地域が一体となって創る子育て支援事例集」
18）本庄市社協だより「ハート＆ハート」第26号　2011年12月15日
19）藤沢市社会福祉協議会「おじいちゃんとパパの　男2代の子育て講座」2012

付論　高齢者の子育て支援

　　　年度
20) 「たいし社協だより」第150号　2012年11月
21) 千葉県主催　連続講座「一歩先を行く男の子育て孫育て応援塾」2012年1月4日
22) 奈良県子育家庭サポートセンター　「〜みんなで子育て・孫育て〜報告書」2011年3月
23) かわさきの「生涯学習情報」第27号，2011年11月1日
24) 地域の子育てサポーター養成講座「子どものお助けマン『あらG』になろう」2012年6月
25) 江東区パルカレッジ公開講座「Let's enjoy 子育て・孫育て そして自分育て」2012年9月8日
26) 北村安樹子「福祉政策における世代間交流の視点」第一生命経済研究所『LIFE DESIGN REPORT』2003年11月
27) かわぐち　男女共同参画へのメッセージ「ワンステップ」通巻No.46, 2012年
28) 『読売新聞』「まごまごしない「イクジイ」に　孫の育児　今の流儀で」2012年4月13日
29) ・『日本経済新聞』「『イク爺』消費　花咲かす」2012年5月25日
　　・東武百貨店　東武子育て日和（「孫の力」〜幸せコレクション）（TOBU ONLINE SHOPPING）
　　・廣済堂プレスリリース　東武百貨店×雑誌『孫の力』2012年3月23日

孫育て　育てているうち　ジイ育つ
―イクジイ　ヘビーローテーション

高野だいわ

●素直になるイクジイ

週に一度は，孫と，孫の親夫婦（以下，娘夫婦）の両方の食事を持って（メニューによっては娘夫婦の家で作る），まず保育所から孫を引き取り，孫を連れて娘夫婦の家に行く。そして，両親のどちらかが帰宅するまでイクジイをしている。発熱等の体調不良で保育所を休む時や，両親とも仕事で都合のつかない時は，状況に応じたイクジイとなる。

私の場合の「イクジイ」とは，娘夫婦の方針に沿って行動することである。具体的な中身といえば，その時によってさまざまだが，保育所へのお迎え・食事作りや飲み物の世話・おむつ替えからトイレの面倒・場合によっての洗濯（干してあったら取り込んでたたむ）・簡単な掃除・歌を歌う・"ダンス"・ごっこ遊び・おもちゃ遊び・散歩・じゃれ合いスキンシップ・話を聞いてあげる・簡単な買い物・入浴・寝かしつけ（あまりないが）・むずかる時のあやし（発熱等）・たまの病院への付き合いなど，時間と空間を共有するすべてである。

「大変だ！」と思えば大変だが，四六時中の親はもっと大変である（自らの遠い日の子育てを思い出してみよう）。孫と向き合うコツは，何かをやってやろうという邪心をもたないこと，つまり，恥も外聞も無く行動することである。アンパンマン（これはすぐ覚えられたが）やスマイルプリキュア（これは今でもてこずっている）の歌や振付でも，孫のまねをして盛り上げて褒めることである。歌いながら"体操"をしている遊びと思えばよい。とにかく，相手の言うことやることを先ず認めてあげることである。でも，すべてその通りにするわけではない。孫にとって，都合がいいけどちょっとおっかないところもありそうな，それでいて頼れそうな物知りの「お友達」になることが重要だ。ダメなことはしっかりとダメだと示して，さっさと次の場面に移っていけばよい。

もともと乳幼児はコロコロ気分が変わっていく。だから，孫に大人の論理をそのままぶつけても何にもならない。笑顔を求めて工夫することが大切。孫が笑えば，全部解決。忘れていたかもしれない自分自身の「素直さ」を思い出させてくれるのである。そして，それは周囲の人に対しても反映することになる。

●イクジイの成長と居場所

孫育てに食事作りはつきものである。2歳ぐらいになれば，孫と一緒に（形だけで十分）食事を作って食べられる。孫も満足，これほどうまいものはない。

essay　孫育て　育てているうち　ジイ育つ

食事作りでわれわれも成長できる。食事を作るには，事前のプラン，食材選びと購入から始まって下ごしらえ，その日の時間の配分，味付け・食器の工夫・盛り付け，座席と食事作法（娘夫婦の決めた作法を壊してはいけない），後片付け，次の準備等，否が応でも段取りが求められる。だから今また，イクジイは成長する，否，イクジイたらんとすれば成長してしまうし，母親・父親とて同じことである。

そして，孫の食事作りは，自宅でのメニューや会話にも反映され，イクジイの評価が高まり，家族（妻）の信頼も上昇する。両親とは異なる味付けは，孫の味覚を磨くことにもなる。評価されれば，イクジイは改めて自分の存在を確認でき，自分の居場所を心地良いものと感じ，明日への活力が湧きあがってくる。「ソフリエ」ならぬ「グル（メ）ジイ」「シェフジイ」の誕生は，自己存在感を高め，自己有用性を確認でき，生きていることの喜びを増大させ，新たな生きる目標をもてるのである。社会に対しても積極的に関わろうとする自信につながる。

●若者に優しい寛容なイクジイ

現実の生活では，孫も家族（妻・子ども夫婦）も，そう簡単に，イクジイが思うようには動いてくれない。とくに，自分を表現する手段が乏しい孫は，気分が良かろうが悪かろうが，勝手気まま・自由奔放に自己主張する。それが生きる知恵であり，「仕事」である。

たとえば，食事ひとつでも然り。正に気分屋そのものである。おいしいはずとイクジイが思っても「お気に召さない」ことは多々ある。ゆっくりあわてずに代わりを出せばいいだけで，「腹がすけば結局は食べるはず」といった楽天さが必要である。ママに逢いたいと泣き喚いても，永遠に泣き続けることはないし，やがて眠る。泣いていても，のどが渇けばミルクや水を飲み，おなかがすけばママを一時忘れて何か食べ，時間は過ぎていき，いつの間にかイクジイともお友達にならざるを得ない。

そう思えば，人ごみやレストランでの乳幼児の泣き声も観察の対象であり，泣き声やあやしも大変ほほえましくかわいいものと映る。ゆっくり見守りながら観察したり，自分の孫に置き換えて考えたりする余裕が生まれる。

悔しくも，週に1回程度の「イクジイ」だと，先週の続きにはならず，毎週，最初からスタートしなければならないことになる。しかし，これとて永遠ではなく，何回か繰り返し，時間が解決してくれる。気が付くと，イクジイはお友達になっている。試行錯誤の連続である。だから孫育ては，子育て同様に，喜びもあり，苦々しくもあるのである。そこでイクジイも自分の成長を実感できるのだから，うれしいこと限りなしである。

そして，こうしたイクジイの行動を通してこそ，子育ての苦労が再認識できる。妻のかつての苦労や娘夫婦の現在の大変さもわかるというものである。自分が若い頃，ただただ必死で通り過ぎてし

まった仕事や子育ての場面がモザイクのように浮かび，今の若者を理解・支援しようとする気持ちが，自然と湧いてくる。イクジイをすることで，若者に優しく寛容な大人になれるのである。少なくともイクジイをしていればキレたりはしない。

● 体の内と外の健康

イクジイに励むには，まずは健康管理が必要である。孫に風邪をうつすわけにはいかないし，孫の風邪に負けるわけにもいかない。だから，体調管理・体力維持には気を遣う。正に，孫のお蔭で，健康管理ができるのである。

たとえば，自分で決めた起床時間・就寝時間を守ろうとするし，仕事や趣味の関係あるいは町内会の「集まり」でも，付き合いはほどほどで帰ることになる。また，孫とお付き合いするには，体の柔軟さも必要となる。背中を丸めたお爺さんになるわけにはいかない。だから少しでも運動を心がける。気まぐれで不真面目なジョギングや町内の散歩，風呂上がりの柔軟体操であれ，細々であっても止めることなく続けることは爽快である。

さらに，孫と付き合うにはイクジイのファッションも気になる。保育所に迎えに行った時，保育士さんは，イクジイを見るのは当然ながら，イクジイを通して孫や娘夫婦を見ることになるからである。それは，自分が保育所の立場ならすぐわかることである。やはり，イクジイとして保育所に出向くからには，礼を失しない（と言えば大げさだが）出で立ちが必要である。孫の年齢にもよるが，2歳にもなれば，色彩の感覚は発達している。イクジイたる者，清潔・清楚でちょっと現代風のものを身に付けたい。それは難しいことではなく，娘の意見に従って行動すればいいだけのことである。また，娘の夫のファッションも参考になる。流行を垣間見ることが出来るからである。このファッションの心遣いは大変大事であると実感している。

要するに，孫と楽しい時間を過ごした上で，健康管理・体力増強が図られるから一石二鳥，さっぱりとしたものを身に付けられて"一石三鳥"，健康でちょっとカッコよく，日本の個人消費が伸びるとなると"一石四鳥"となる。

正に，孫のお蔭で，体の内と外の健康が保て，日本も元気が出るのである。

● 「ちょっかいじゃないよ　孫を介して仕事と家庭」─家庭の力量アップ

娘夫婦にとって，イクジイの「介入」はどんな意味をもつのであろうか。たかが週に半日，あるいは突発的な"中継ぎ"的存在とはいえ，保育所の迎えや孫と大人用の食事の用意（出来れば保存できるもの），とりあえ融通のきく気兼ねない育児となれば，時間のやりくりとか仕事の都合もそうだが，娘夫婦に心の余裕が生まれるのではないかと考える。

娘夫婦の心の余裕は，孫への優しさに反映するはずである。広い意味での家庭の教育力向上に結び付くことになろう。

娘夫婦には尋ねたことはないが，その感情は，我々イクジイ・イクバアにも振

essay　孫育て　育てているうち　ジイ育つ

り向けられることを感じている。間違いなくイクジイ・イクバアと娘夫婦の間の会話は増えている。とくにイクバアと娘の会話時間は格段に増えている。また，イクジイとイクバアの会話も，孫に付随して増えていることを実感している。

　イクジイが，若夫婦に寄りかからずに，若夫婦の意向に沿って，付かず離れずの距離を保っている限り，若夫婦から頼りにされるであろう。孫にとっても重要なことだ。孫にとって一番大切なパパとママを，イクジイ・イクバアが大事にしていなかったら，祖父母は決して孫から頼りにされないだろう。孫の心の余裕とは，何かあった時にジイジやバアバを頼れると，パパとママを経由して信頼していることであろう。

　このことは，孫の社会性育成に大きな役割を果たすと考える。自分を取り巻く人間関係のなかで，やがては，父母より体の自由がきかない祖父母を思いやったりいたわったりするきっかけになってくれればと考えるが，無理な希望だろうか。

● ワーク・ライフ・「綱渡りバランス」

　男性・女性を問わず，小さい子どもをもつ若い人は，将来を見越して安心して働け，働きに応じた収入が得られる社会であってほしい，家庭で子育てに専念する時期があっても仕事に復帰できる社会であってほしい，と誰しもが願うであろう。これは，日本社会の持続的発展を保障する上で極めて重要なことである。

　しかし，さまざまなハードルがあり，必ずしもそうなっていない面があるのも現実である。若夫婦が子どもを自宅近くの保育所に入れようとしても入れないこと自体がそれを物語っている。ただし，ここでは，そうした点を論ずるのではなく，そうした現実に対して，イクジイの働きがどのような効果を発揮できるのかを述べてみたい。

　筆者の場合は，とりあえずはリタイアした自分が，「近住」である娘夫婦の子どもの世話（つまり，子育て支援の一翼を担うこと）が可能な関係にある。定期的あるいは，娘夫婦に急な仕事が入ったり帰りが遅くならざるを得ない時に，イクジイとして「出動」出来る環境にある。「出動」すれば，娘夫婦が多少なりとも仕事に打ち込める状況が作れると考える。

　そうなれば，子どもを抱えて仕事をしていても，仕事にメリハリをつけたり，やれるときにはどんどん仕事を進めるなどの余裕が生まれ，先を見越しての仕事の段取りがうまくいくのでは考える。当然，職場のチームワーク作りにも結びついていくはずである。

　国立社会保障・人口問題研究所の「日本の将来推計人口（平成24年1月推計）」によれば，50年後には，経済を支える生産年齢人口が46％も減少し，高齢者の比率が40％にもなると推定されている。だから，今，若者に働きやすい環境を用意し，生産効率を上げることは重要である。そう考えれば，イクジイの働きは効果的であり，当然にも，女性の社会進出にも貢献できると考える。

　そして，育児をしていれば，お金も使

う。ただし，小遣いを無駄に浪費するのではなく，孫のために有効に使おうとするはずである。ある統計では，「孫に年間11万円消費」ともいわれるが，これは立派な国内消費で，回り回って雇用の底上げにつながり，若者の雇用をちょっとではあるが支えていることになろう。

　要するに，イクジイの活動は，若い夫婦に，たとえ少しであっても，ホッとする時間を作ることができ，心温まる家庭の営みにつながると同時に，仕事に打ち込める環境を作れることになるのである。イクジイの活動は大きな意味をもつと考える。

　さらにいうならば，厚生労働省「第5回21世紀成年者縦断調査（国民の生活に関する継続調査）結果の概況」(2008)や内閣府『子ども・子育て白書』(2010)によれば，夫の家事・育児時間が長いほど，第2子以降の出生率が高いという傾向が出ており，イクメンへの期待は大きい。したがって，平日はイクジイが少しでも頑張り，週末のイクメンの出番を多くすることができるなら，イクジイは人口増にも貢献できそうである。そして，今の「イクメン」は必ずや将来の「イクジイ」になると確信している。

● 「孫育て　気付いてみれば　地域の和」—イクジイの発想と三世代交流
　先に，孫の笑顔を求めてあれこれ工夫することが大切，と述べたが，孫の喜ぶネタ探しをしていれば，自然と目が外に向き，孫を取り巻くさまざまな情報に注意することになる。最低限，孤立はしない。乳幼児を抱えている若い母親の行動にも注意を払う。さりげなく「かわいいですね」と声もかけられる。買い物でも，子連れの家族の行動に目がいく。孫と同じくらいの子どもの服装や持っているおもちゃ，ほしいとねだるお菓子は何だろうと注意して眺めることになる。これはイクジイの視点である。

　だから，町内会長イクジイとして，町内の子育て中の若い夫婦との気軽な挨拶やスムーズな会話が可能となる。若夫婦が今現在問題としている子育ての情報を得ようとするからであり，また子育ての話題を共有できるからでもあろう。若夫婦の子育てとは高齢者の孫育てである。こうして，町内の若夫婦と会話を交わし，子どもを本気でほめてあげることは，それだけで立派な世代間交流である。それは，町内の輪の拡大であり，そうしたつながりで，高齢化している町内会に新たな風が吹き込まれるというものである。

　さて，我が町内会において，ファミリーで参加可能な代表的な行事，つまり世代間交流のチャンスといえば，管理している緑地での春・秋の花植え・花壇整備，夏の納涼祭，秋の地区家族運動会，同じく秋の地区及び単独の防災訓練，そして芋煮会である。お母さんが赤ちゃんをおんぶして芋煮のための里芋の皮をむいている姿，運動会での，町内会のテントのなかで，三世代がお弁当を囲む様子などは，皆が「イクジイ」と「イクバア」となってのアットホームそのものである。

essay　孫育て 育てているうち ジイ育つ

　こうした世代間の交流を積み重ねると，数は少なくとも，町内の行事に若夫婦が乳幼児・子連れで参加することになる。小中高校生もそうだが，乳幼児・若いファミリーは，高齢化している町内会の宝物である。
　よく自治会の総会はつまらないと言われるが，工夫次第で皆さんが来てくれる。その分かれ目は，皆に喜んでもらおうとする発想，孫を見るイクジイの発想でもある。総会資料に写真をたくさん入れてみる，会場を工夫する（スーパーの2階），健康の話・ジョギングの話などの講演会をセットにするなど，若夫婦を含めて中高年まで興味をもつ内容で実施すれば，総会が明るくなって盛り上がる。
　行事の参加者が増えれば，それが地域のまとまりにつながる。運動会などは，三世代・四世代の交流となりボルテージが上がる。硬い表現を使えば，地域ぐるみの世代交流である。近住の孫・乳幼児を動員して「地域の子」とし，地域の爺・婆が，にわか作りの「イクジイ」「イクバア」にもなれるのである。それをきっかけに会話が広がり，地域は活性化する。こうなれば「イクジイ」は「域ジイ」ともなる。大げさにいえば，地域コミュニティーの強化・再生である。

●イクジイの輪と和がもたらすもの
　イクジイが孫との接触で培う柔軟な価値観や発想は地域においても人の輪と和をもたらす。孫育ての話題は子育ての話題と違って，責任感が決定的に異なる。もう仕上がってしまった娘や息子に関することはなかなか話しづらいところもあろう。だが，孫の話となると，ワンクッションおいての話となるので「お爺さん」は盛り上がる。また，現在進行形であるので，話題がリアルである。したがって，普段話していないような人とも会話が弾み，人の輪を作りやすい。町内会の運営に，人の輪は決定的な力である。人の集まらないイベントは，それだけで失敗である。そんな意味では，地域行事にとって，孫は何ともありがたい存在である。
　また，行事を進めるにはスムーズな意思疎通が欠かせない。孫育てから始まった会話も，孫育てのイクジイの話だけで終止するわけではない。近隣の話題，お店の話，趣味の話，仕事の話，病気の話，奥さん・旦那さんの話，お酒の話，旅行の話など，話題は豊富である。こうした会話・意思疎通を通しての経験や価値観の相互理解と共有は，円滑な行事遂行に欠かせない人間関係を形作ってくれる。これは人の和である。こうした人の輪と和が地域活動を活発にする上で欠かせないのである。
　高齢者の自主的活動の参加理由としては，地域社会に貢献したいという意欲が大変強いというが，「イクジイ」の活動が，「域ジイ」の活動へと連動し，地域コミュニティーの強固な形成，社会貢献に集約されていくものと考え，日々細々ではあるが実践しているところである。

索 引

あ行

域ジイ　149, 159
イクジイ／イクバア　ii, 94, 138, 140-143, 145, 154-159
育児休暇（育休）　88, 93
　──取得　89
イクメン　ii, 92, 93, 139, 158
1.57ショック　3, 13
院内保育施設　98
エンゼルプラン　3, 13, 23, 25, 43

か行

学童保育所　135
学校教育法第1条　8
企業内託児所　98
虐待死　62
教育基本法　8
近居　79, 86
くるみんマーク　109, 111, 114
健康度　62
合計特殊出生率　2, 3, 125
厚生労働省　7, 8
子育て家庭　57, 61
子育てサポート企業　109, 114
子育て支援　ii
子育て支援計画　72-86
子育て支援策　2
子育ての社会化　97
子育ての社会的側面　1, 8
子育てモデル企業　77
子育て力　i, ii, 8
子ども・子育て応援プラン　16, 17, 19, 26
子ども・子育て関連3法　96
子ども・子育て支援　19, 23, 25
子ども・子育てビジョン　4, 19, 21, 96
こんにちは赤ちゃん事業　52, 67

さ行

在園親子　60
在宅親子　60
事業所内保育施設　6, 8, 80, 96-99, 116, 123
　パイオニア型　105
　複数企業連携型　111
事業所内保育所　114
仕事と子育ての両立支援　3, 72-76, 84, 96, 97
仕事と子育ての両立支援企業　77
仕事と子育ての両立支援企業表彰　80-82
次世代育成支援対策交付金（ソフト交付金）　26, 27
次世代育成支援対策推進法　3, 18, 96, 114, 131
次世代認定マーク　109, 111
児童福祉施設　7
児童福祉法　5, 7, 8
シニアボランティア　141
社会関係資本　i
就学前教育・保育　6
就業率　73-75
出生数　ii, 2, 3
少子化　i
少子化社会対策基本法　3, 15, 18, 25
少子化社会対策大綱　16, 17, 19, 26
少子化対策　12-23, 123

索　引

少子高齢化社会　　i
少子社会　　ii, 1-3, 8, 123
女性研究者支援モデル育成事業　　131
（一財）女性労働協会　　27, 29, 39, 142
新エンゼルプラン　　3, 13, 14, 16, 25
人的ネットワーク　　i
（公社）全国シルバー人材センター　　148
ソーシャル・キャピタル（社会関係資本）
　　i, 107, 116
ソフリエ　　146, 147

た 行

大学内保育施設　　123-137
　　　パイオニア型　　130
　　　地域開放型　　131, 133, 134
　　　病児対応型　　133
待機児童　　4, 123, 126
男女共同参画社会基本法　　127
地域型保育給付　　96
地域子育て支援拠点事業　　43-56, 141
　　　センター型　　44
　　　ひろば型　　44
　　　児童館型　　44
地域子育て支援センター事業　　43, 44
地域子育て支援センター事業実施要項
　　43
つどいの広場事業　　44
東京女子師範学校附属幼稚園　　6
共働き（世帯）　　73, 84, 85

な 行

（公社）日本助産師会　　145
認可保育所　　7, 96
認可外保育施設　　7, 97, 98, 123
認証保育所　　7

妊娠期からのサポート　　58
認定こども園　　8

は 行

病児・病後児保育の充実　　4
ファミリー・サポート・センター　　20,
　　142
ファミリー・サポート・センター事業
　　24-42
不適切な養育　　57
保育園　　58
保育所　　58
保育所地域子育てモデル事業　　43
保育所保育指針　　59, 61
保活　　ii, 119
保健センター　　52

ま 行

マイ保育園　　57, 64-70
　　――事業　　57-70
マイ幼稚園　　57, 64, 69, 70
見える化　　114

や 行

幼稚園　　8, 58
幼稚園教育要領　　59

ら 行

ラポール形成　　65

わ 行

ワーキングマザー　　119
ワーク・ライフ・バランス　　ii, 19, 20,
　　109

161

執筆者紹介

〔執筆順〕

髙野良子（たかの・よしこ：序章，第6章，第7章）【編者】
1950年生まれ。千葉大学大学院教育学研究科修士課程修了，日本女子大学大学院人間社会研究科博士課程後期単位取得満期退学。博士（教育学）。現在，植草学園大学教授。専門は教育社会学。著書：『日本女子大学叢書2 女性校長の登用とキャリアに関する研究―戦前期から1980年代までの公立小学校を対象として―』（単著，風間書房，2006），『教育社会学―現代教育のシステム分析―』（分担翻訳，東洋館出版社，2011）ほか。

宮下裕一（みやした・ゆういち：第1章，第5章）
1962年生まれ。東洋大学大学院社会学研究科博士前期課程修了，ヨーク大学大学院社会政策学コース修了（MA in Social Policy）。現在，植草学園大学准教授。専門は社会福祉。論文：「少子社会における親の子育て環境に関する研究（第2報）―保育所利用者アンケート結果をもとに―」（共著，『植草学園大学研究紀要』第3巻，2011），「地域生活支援の現状を通した介護福祉教育の再検討（第2報）―2つの調査結果をもとに―」（共著，『植草学園短期大学紀要』第14号，2013）ほか。

植田みどり（うえだ・みどり：第2章）
山口県生まれ。青山学院大学大学院文学研究科教育学専攻博士後期課程単位取得満期退学。修士（教育学）。現在，国立教育政策研究所教育政策・評価研究部総括研究官。専門は教育行政学。著書：「『新しい公共』を創造するマネジメント改革」（分担執筆，『「新しい公共」型学校づくり』ぎょうせい，2011），「イギリスの教育改革とスクールリーダー」（分担執筆，『スクールリーダーの原点』金子書房，2009）ほか。

小川　晶（おがわ・あき：第3章，第4章）
東京都生まれ。東洋大学大学院社会学研究科社会福祉学専攻修士課程修了。修士（社会福祉学）。現在，植草学園大学講師。専門は児童福祉学，保育学。保育所における家族支援が主な研究領域。著書：『保育における感情労働―保育者が専門性を発揮するために―』（分担執筆，北大路書房，2011），『TEMでわかる人生の径路―

質的研究の新展開』（分担執筆，誠信書房，2012）ほか。

奥村健一 （おくむら・けんいち：エッセイ）

1980年生まれ。早稲田大学商学部卒業。都内出版社勤務。雑誌，書籍編集等幅広く活動。「男性の育休」などをテーマに，大学でも講演等を行っている。

奥村仁見 （おくむら・ひとみ：エッセイ）

1981年生まれ。津田塾大学国際関係学科卒業，早稲田大学大学院アジア太平洋研究科修士課程修了。修士（国際関係学）。都内レコード会社の法務部門に勤務。著書：『知的財産88の視点』（分担執筆，税務経理協会，2007）ほか。

髙野だいわ （たかの・だいわ：付論，エッセイ）

1948年生まれ。東京教育大学大学院文学研究科修士課程修了。修士（文学）。県立高校校長退任後，現在，順天堂大学スポーツ健康科学部および市原看護専門学校・千葉市青葉看護専門学校非常勤講師（生涯学習概論・教育学等担当）。著書・論文：『考える「現代社会」資料集』（分担執筆，帝国書院，1987），『新・地域社会学校論』（分担執筆，ぎょうせい，1998），「刺激と活力―開かれた学校づくり」（『全普高会誌』第57号，全国普通科高等学校長会，2009）ほか。

少子社会の子育て力
―豊かな子育てネットワーク社会をめざして―

2013 年 4 月 20 日　第 1 版第 1 刷発行
2014 年 3 月 20 日　第 1 版第 2 刷発行

編著者　髙野　良子

発行者　田中　千津子

発行所　株式会社 学文社

〒153-0064　東京都目黒区下目黒 3-6-1
電話　03（3715）1501㈹
FAX　03（3715）2012
http://www.gakubunsha.com

©TAKANO Yoshiko 2013　　　　　　　　　　　　Printed in Japan
乱丁・落丁の場合は本社でお取替えします。　　印刷　シナノ印刷（株）
定価は売上カード，カバーに表示。

ISBN 978-4-7620-2376-7

子どもの発達に関わる諸問題を6つの領域から多角的に考察し、「社会で育てる」ことをめざし、現代の"子ども"を読み解く。

本体価格 各2000円　A5　並製

子ども社会シリーズ

住田正樹
武内　清　監修
永井聖二

1　子どもと家族
　　●住田正樹 編
2　幼児教育の世界
　　●永井聖二・神長美津子 編
3　子どもと学校
　　●武内　清 編
4　子どもと地域社会
　　●住田正樹 編
5　子どもの「問題」行動
　　●武内　清 編
6　消費社会と子どもの文化
　　●永井聖二・加藤理 編

未来を拓く子どもの社会教育

上杉孝實・小木美代子 監修
立柳聡・姥貝荘一 編著

3,000円（本体価格）
ISBN978-4-7620-1955-5
A5判　356頁

"子ども"と"社会教育"を結ぶ実践と理論の構築を先導し、多大な貢献を果たしてきた監修者の想いと豊かな業績に学び、発展的な継承をめざした実践的・学問的な探究の成果をまとめた論集。

地域で遊ぶ、地域で育つ子どもたち
――遊びから「子育ち支援」を考える

深作拓郎 代表編著
阿比留久美・安倍大輔・神田奈保子・高橋平徳・星野一人・松井茜 編著

1,900円（本体価格）
ISBN978-4-7620-2296-8
A5判　208頁

地域での遊びにより子どもたちのこころ、からだはどう育まれるか。「子どもたちの育ち」をテーマに若手研究者が子どもの遊びの可能性を探究する。地域で活躍するNPO等の実践事例も収録。

なぜ、今「子育ち支援」なのか
――子どもと大人が育ちあうしくみと空間づくり

子育ち学ネットワーク 編

1,900円（本体価格）
ISBN978-4-7620-1866-4
A5判　208頁

子どもが自ら育つ力を尊重した地域での豊富な実践と先端の研究を積極的に取り入れ結合させていくため、若手研究者と実践者から成る〈子育ち学ネットワーク〉が続けてきた活動をまとめた。

子どもの「生きづらさ」
――子ども主体の生活システム論的アプローチ

山下美紀 著

2,300円（本体価格）
ISBN978-4-7620-2312-5
A5判　218頁

現代の子どもたちの「生きづらさ」とはどのようなものか。その実態を把握するとともに、子どもたちを生きづらくしている家族、学校、友人関係などの生活上の諸要因を実証的に明らかにする。

高校の「女性」校長が少ないのはなぜか
――都道府県別分析と女性校長インタビューから探る

河野銀子・村松泰子 編著

2,300円（本体価格）
ISBN978-4-7620-2221-0
A5判　224頁

高校の女性校長率が極端に低い要因を都道府県別分析を通してその要因をさぐり、また全国の女性校長インタビューから高校の女性校長のキャリア形成を考察する。